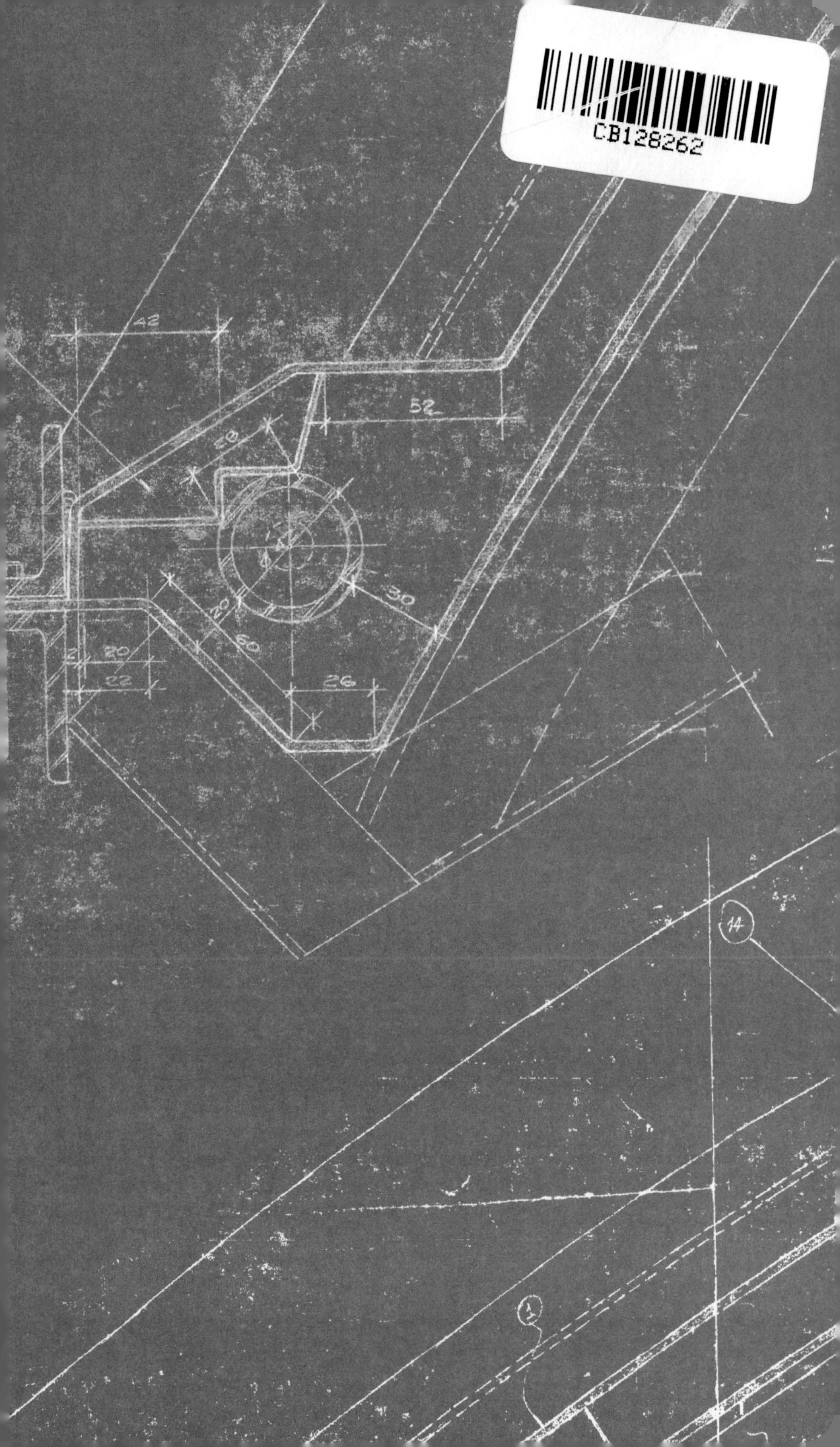
42
52
28
30
60
20
22
26
14
1

A parceria entre a Editora N-1 e o selo editorial MOM, da Editora da Escola de Arquitetura da UFMG, reúne abordagens críticas e perspectivas de transformação sócio-espacial, mobilizando os campos da arquitetura, do urbanismo, das artes e das ciências humanas e sociais. Esperamos que os livros produzidos nessa parceria ofereçam materiais a estudos, práticas, imaginações e experimentos de sociedades e espaços para além da catástrofe atual. Temos mantido a grafia *sócio-espacial*, com hífen, sempre que se trata de dar relevo à dialética de espaço e sociedade. Em todos os demais casos, ajustamos (citações de) textos em português anteriores ao novo Acordo Ortográfico ou divergentes da grafia brasileira, preservando apenas os títulos com a grafia original. Para referir citações, as notas informam autores, títulos e datas. Isso evita aquelas pedras no caminho da leitura que o sistema autor-data impõe, e facilita a identificação de obras citadas, sem sobrecarregar os rodapés. Referências completas estão elencadas ao final de cada capítulo. Nas citações de obras publicadas originalmente em outros idiomas, recorremos a edições em português sempre que possível. Eventuais alterações no texto de uma tradução publicada são assinaladas por asterisco após a referência na nota, então complementada pela referência da respectiva edição no idioma original. Traduções de trechos de obras não disponíveis em português são de autoria de quem os cita, exceto quando indicado de outra maneira. No corpo do texto, reservamos as aspas duplas às citações e usamos aspas simples quando se trata de relativizar termos ou expressões.

N-1 edições
MOM edições

Sonhos em série

arquitetura e pré-fabricação nas margens do capitalismo

Sonhos em série

arquitetura e pré-fabricação nas margens do capitalismo

Clécio Magalhães do Vale
Jonathan Charley
José Eduardo Baravelli
Roberto E. dos Santos (ed.)
Sergio Kopinski Ekerman
Silke Kapp (ed.)

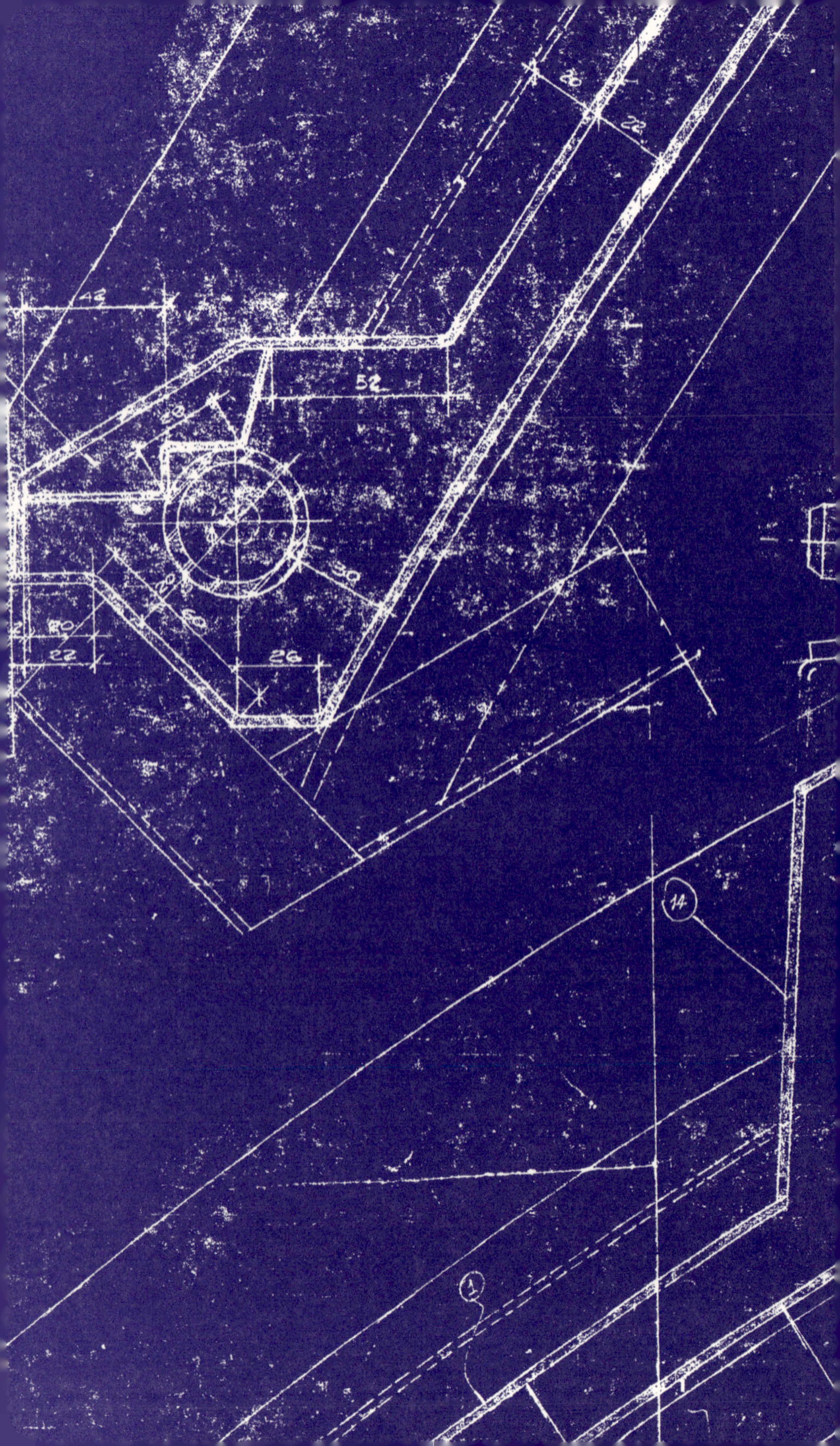

20
22
43
52
30
60
20
22
26
14
1

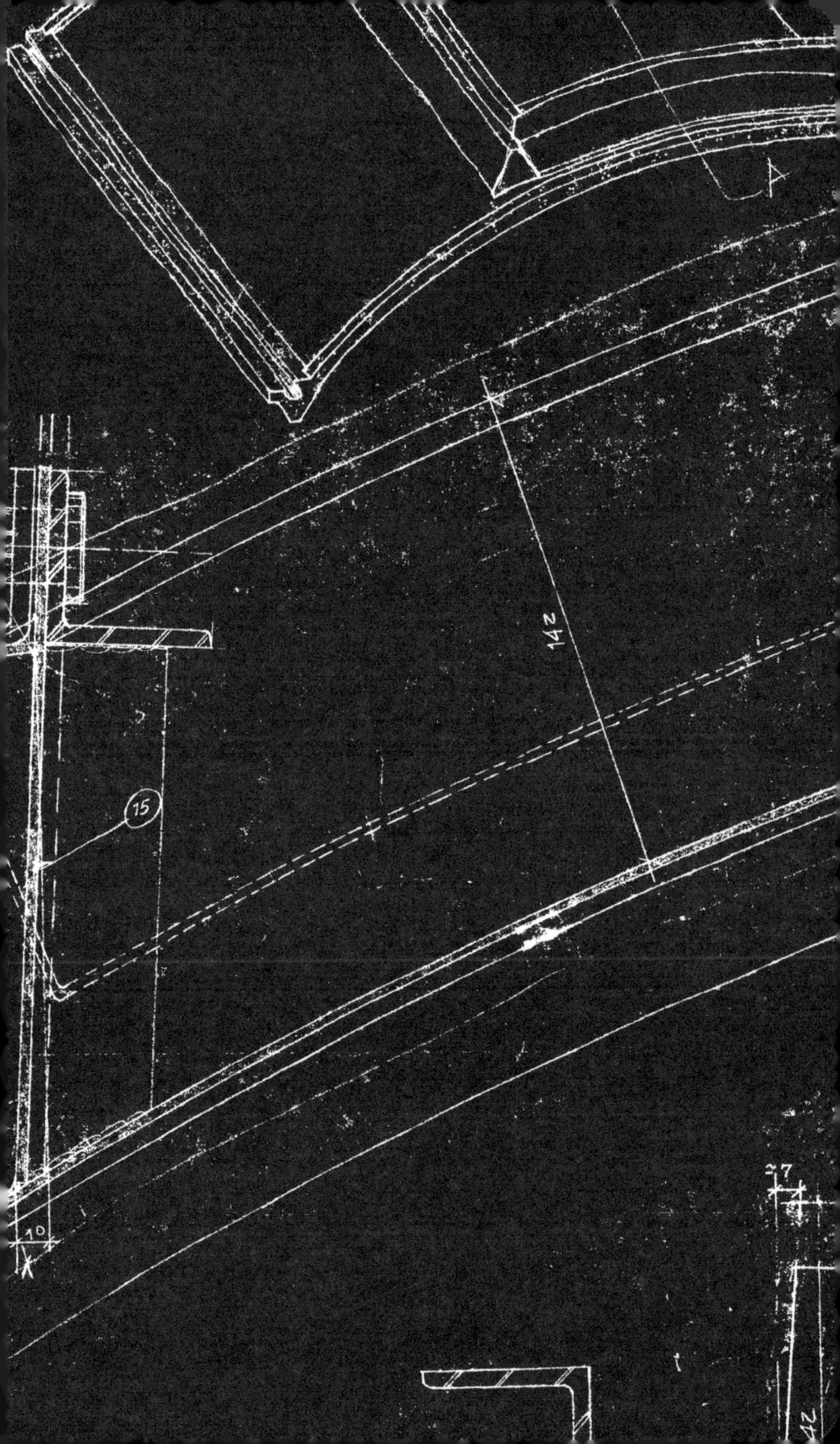
142
15
10
7

Por que retomar esse tema

Silke Kapp e Roberto E. dos Santos

A pré-fabricação da casa se tornou uma bandeira de imensa visibilidade nas décadas que sucederam a Segunda Guerra Mundial. Não se tratava apenas de reconstruir o que havia sido destruído nas cidades europeias. O discurso da pré-fabricação vinha com a promessa de resolver o problema habitacional em todo o mundo — aliás, como então se dizia, em todos *os mundos*: o primeiro, dos países centrais; o segundo, do bloco soviético; e o terceiro, dos países 'subdesenvolvidos'. Era como se as mazelas da urbanização que vinham se arrastando desde o século XIX e que haviam atingindo até regiões pouco industrializadas pudessem, finalmente, ser equacionadas por uma nova tecnologia e pelas respectivas políticas de construção.

Os ensaios do presente livro são dedicados à trajetória da pré-fabricação desde aquele período, não no centro, e sim nas margens do capitalismo industrial, isto é, em países dos outrora chamados segundo e terceiro mundos: a Rússia (Soviética) e o Brasil. Por que justamente aí? E por que agora?

O debate se iniciou por uma daquelas afortunadas coincidências que a vida acadêmica às vezes proporciona. Jonathan Charley e Clécio Magalhães haviam se juntado ao Grupo de Pesquisa MOM, da Escola de Arquitetura da UFMG — um como professor visitante; o outro como pós-doutorando. Ao mesmo tempo, Sergio Ekerman, José Eduardo Baravelli e o próprio Grupo MOM estavam engajados no projeto *Translating Ferro/ Transforming Knowledges*, que fomentou e consolidou o campo dos Estudos de Produção.[1]

1 O projeto internacional de pesquisa *Translating Ferro / Transforming Knowledges of Architecture, Design, and Labour for the New Field of Production Studies* ou *Traduzindo Ferro/Transformando conhecimentos em Arquitetura, Projeto e trabalho para um novo campo de Estudos de Produção* (TF/TK), realizado de 2020 a 2024, foi coordenado por Katie Lloyd Thomas (Newcastle University) e João Marcos de Almeida Lopes (Instituto de Arquitetura e Urbanismo da

Unindo as diversas perspectivas sobre o tema, organizamos um pequeno seminário — *Pré-fabricação: da genealogia à economia política.*[2] Dele e das discussões que o sucederam derivou esta publicação. Nossa motivação para realizá-la veio da constatação de que, embora não se possa compreender situações contemporâneas simplesmente por analogias históricas, há similitudes entre o entusiasmo com a pré-fabricação no pós-guerra e o entusiasmo atual com uma revolução dos métodos de projeto e construção por tecnologias de CAD, BIM, CAM, IOT, AI e demais acrônimos. Ainda que em outros termos, a tecnologia tem sido novamente propagandeada como se fosse capaz de resolver as contradições sócio-espaciais em toda parte. Nesse sentido, algumas hipóteses que as discussões da pré-fabricação trouxeram à tona possivelmente despertam interesse mais amplo para os estudos de produção.

A primeira dessas hipóteses diz respeito à distinção nítida entre duas dimensões da pré-fabricação (e, para todos os efeitos, das tecnologias em geral): de um lado, o discurso ideológico, a imagem pública, o marketing, a propaganda; de outro, o expediente propriamente produtivo. No plano ideológico, a pré-fabricação de moradias entrou na pauta internacional como parte da representação de uma sociedade justa e feliz, posição essa disputada ferrenhamente pelos dois protagonistas da Guerra Fria. Se a boa vida requer lugares seguros e confortáveis para morar e se a questão era prover isso para populações imensas, nada melhor do que o anúncio de uma produção na mesma escala do problema. Unidades habitacionais sairiam das usinas aos milhares e

Universidade de São Paulo, em São Carlos), com financiamento do Arts and Humanities Research Council (AHRC) e da Fundação de Amparo à Pesquisa do Estado de São Paulo (FAPESP).

2 O seminário *Pré-fabricação: da genealogia à economia política*, organizado por Clécio Magalhães do Vale e Roberto E. dos Santos, foi realizado nos dias 14 e 15 de maio de 2024, na Escola de Arquitetura da Universidade Federal de Minas Gerais com apoio do Programa de Pós-Graduação em Arquitetura e Urbanismo (NPGAU).

estariam ao alcance de todos. É verdade que houve alguma resistência à potencial homogeneidade dos espaços pré-fabricados. Pelo menos no bloco ocidental, sua imagem teve que ser incrementada pela ideia de combinações individualizadas e múltiplas escolhas, como convém a um mercado 'livre'. Também alguns arquitetos se mostraram reticentes, mas os protestos não foram radicais. Os caudilhos do movimento moderno já haviam prenunciado, décadas antes, que a produção de casas se tornaria semelhante à de carros e de outras mercadorias de massa. Le Corbusier glamourizou a causa nos anos 1920, e Gropius chegou a planejar sua implementação em grande estilo nos EUA dos anos 1930.[3] Ao mesmo tempo, a pré-fabricação sugeria um tipo de trabalho menos duro do que na construção convencional, sem sol, chuva, calor ou frio, e remunerado na proporção de sua crescente produtividade. Fosse no socialismo real ou no capitalismo de bem-estar social, a pré-fabricação de moradias prometia beneficiar a população tanto como consumidora quanto como trabalhadora. Ela parecia a próxima e inevitável etapa de um percurso imaginário a que todas as sociedades industriais aderiram e, paradoxalmente, as ainda-não-tão-industriais-assim também. A maneira como essa pauta foi propagandeada se assemelhou mesmo em contextos díspares, como os do Brasil e da URSS.

Quanto à dimensão produtiva da pré-fabricação, ela foi bem mais diversa e bem menos milagrosa. Havia muitas variáveis a administrar, envolvendo centenas de instâncias técnicas, sociais e políticas. As dificuldades começavam pelo fato de que edificações não são 'auto-móveis'. Seu transporte requer desmembramento em partes e, portanto, algum processo de montagem fora da fábrica. Como fazer isso? Fabricando elementos construtivos completos? Ou fabricando componentes a montar parte a parte? E como

3 Cf. LE CORBUSIER, *Por uma arquitetura*, [1923] 1981; GROPIUS, A indústria de casas pré-fabricadas, [1924] 1972; HERBERT, *The dream of the factory-made house*, 1984.

organizar a coordenação das unidades fabris, os equipamentos nos canteiros, o treinamento de projetistas, operários e montadores, os financiamentos, os terrenos, a infraestrutura urbana? Para além das dificuldades, no entanto, a pré-fabricação também parecia uma oportunidade para desembaraçar alguns dos nós da complexa cadeia produtiva da construção convencional e de seus não menos complexos processos produtivos.

Mais tarde, quando a União Soviética fraquejava, as ditaduras grassavam na América Latina e a doutrina neoliberal substituía o ideário do Estado de bem-estar social, essa dimensão ideológica da pré-fabricação parece ter se esgotado. O tema deixou os palcos públicos sem que a questão da moradia fosse resolvida e sem que o trabalho na construção se tornasse suave e bem remunerado. Hoje, o que prevalece como ideário da salvação é antes uma produção artesanal do que uma produção racionalizada e em série. Porém, esse esgotamento da dimensão ideológica não impediu que a pré-fabricação continuasse avançando na dimensão produtiva. Pelo contrário, nos bastidores da produção, ela se tornou verdadeiramente interessante para o empresariado a partir do momento em que foi tratada como expediente de gestão, e não mais incumbida de prover o novo paraíso popular.

Isso nos leva à segunda hipótese delineada nas pesquisas e discussões que deram origem a este livro: a noção de que, no plano da produção, o maior estímulo à pré-fabricação não foi a perspectiva de redução do trabalho humano incorporado em cada produto, e sim o aumento do controle sobre esse trabalho. A passagem da construção convencional à pré-fabricada interessava às instâncias de comando por aquilo que, nos termos de Marx, seria a passagem da subsunção *formal* do trabalho à sua subsunção *real*.[4]

4 Cf. Marx, *O capital*, livro I, [1867] 2011, pp. 578 et seq.

Evidentemente, a terminologia dos técnicos não era essa, como não é até hoje. Falava-se em desperdício de materiais, inobservância de cronogramas, baixa qualificação e produtividade, e resistência a mudanças. Uma digressão do engenheiro Teodoro Rosso, publicada em 1962, é elucidativa nesse sentido. Ele defende os trabalhadores brasileiros contra a assertiva — comum entre os empresários da construção convencional — de que seria deles a responsabilidade pelo 'atraso' desse setor econômico. Em vez disso, Rosso enfatiza que o "eterno problema da mão de obra" afeta igualmente países onde os oficiais da construção são altamente qualificados, lembrando que as "tentativas de aplicar a essa classe o taylorismo não foram além de modestos resultados".[5] (Ressoam aí os *motion studies* do casal de engenheiros Lillian e Frank Gilbreth, que, no início do século XX, analisou o processo de trabalho dos pedreiros para otimizar gestos e ferramentas, chegando a um método que aumentaria de 125 para 350 o número de tijolos assentados por hora; só que os pedreiros não se submeteram ao método.) Rosso conclui que, se as tentativas de racionalizar a construção convencional falharam, é preciso alterar técnicas e materiais, "encontrar um substituto"[6] ou, nas palavras do arquiteto Paulo Bruna, "abandonar velhos hábitos e ideias tradicionais para uma retomada a partir da estaca zero dos conceitos e métodos de construção".[7]

O que, então, significam subsunção formal e subsunção real? Como Sérgio Ferro enfatiza em diversos textos, a construção é uma manufatura.[8] Manufaturas constituem unidades de produção cuja organização e divisão do trabalho são ditadas por uma instância centralizadora, externa ao

5 ROSSO, Um imperativo inadiável: a industrialização da construção, 1962, p. 92.

6 Ibidem, p. 92.

7 BRUNA, Subsídios para uma política de industrialização da construção no Brasil, 1970, p. 37.

8 Cf. FERRO, O canteiro e o desenho, [1976] 2006; *Construção do desenho clássico*, 2021; *Architecture from below*, 2024.

processo de trabalho propriamente dito, mas tais unidades mantêm, basicamente, as técnicas e os meios de produção da cooperação artesanal.[9] Embora os trabalhadores se tornem assalariados, essa condição formal não lhes retira o domínio real do processo de trabalho, cujos conhecimentos e habilidades são deles. Manufaturas se caracterizam pela subsunção 'apenas' *formal* do trabalho. Na "grande indústria",[10] pelo contrário, o processo é ditado pelo maquinário, e os conhecimentos necessários à sua consecução passam ao domínio dos diplomados — a subsunção do trabalho se torna *real*.

Essa diferença entre manufatura e indústria mecanizada, entre subsunção formal e real, marca a história da construção e da arquitetura na Idade Moderna. Em "Concrete as weapon", Ferro elucida como a introdução do concreto armado foi um expediente do capital para mitigar a força dos trabalhadores da construção na luta de classes do século XIX.[11] Mas Ferro mostra também que os novos materiais e o tipo de conhecimento implicado no seu uso (cálculo estrutural, ciência dos materiais etc.) não foram suficientes para subordinar o trabalho da mesma maneira que na indústria mecanizada. Instituíram apenas o que Ferro chama de

9 Cf. MARX, *O capital*, livro I, [1867] 2011, pp. 411–444 (capítulo "Divisão do trabalho e manufatura").

10 MARX, *O capital*, livro I, [1867] 2011, pp. 445–574 (capítulo "Maquinaria e grande indústria").
Que Marx tenha intitulado o capítulo sobre as fábricas do século XIX "Maquinaria e grande indústria", não apenas 'Indústria', indica a multiplicidade de significados desse termo. Embora, coloquialmente, *industrialização* tenha se tornado quase sinônimo de substituição de trabalho humano por máquinas, os sentidos de *indústria* incluem desde o de engenho para produzir algo (*industrioso* é alguém que produz mais ou melhor) até o de setor produtivo, não importando o maquinário nesse setor. Sabattini aponta que industrialização significa "incrementar a produtividade" por meios essencialmente organizativos; e ele nota que "muitos técnicos, no Brasil", identificam a industrialização da construção com "novos e sofisticados processos de produção, [...] totalmente pré-fabricados", o que leva ora ao imobilismo, ora a propostas de sistemas aparentemente milagrosos e de fato inoperantes (SABATTINI, *Desenvolvimento de métodos, processos e sistemas construtivos*, 1989, pp. 63, 59–60).

11 FERRO, Concrete as weapon, 2018.

um *ersatz*, um substituto ou simulacro de subsunção real. Eles suprimiram boa parte da autonomia que restava aos trabalhadores, mas o processo de trabalho continuou dependendo de suas habilidades e sujeito às turbulências de sua 'insubordinação'. Para o empresariado da construção, o trabalho humano continuou representando uma variável em certa medida imponderável. Assim, a perspectiva de uma construção em sua maior parte realizada dentro de fábricas e segundo projetos de produção elaborados nos mínimos detalhes era a oportunidade de substituir a velha manufatura por uma indústria plenamente controlada por técnicos e independente dos ofícios tradicionais. Ter-se-ia, por fim, uma subsunção real do trabalho de construção, pelo menos naquela parte realizada dentro de plantas fixas. Na prática, as coisas não funcionaram tão bem, porque, mesmo a mais pesada das pré-fabricações ainda exige muitas operações de canteiro. E essas, como Ferro também mostrou, continuaram manufatureiras, ainda que se possa distinguir entre as chamadas manufatura *orgânica* e manufatura *heterogênea*.[12] A pré-fabricação incrementa o controle sobre o trabalho, mas, por si só, não fornece o controle pleno que capital e Estado vislumbraram.

Contudo, uma terceira hipótese perpassa os textos apresentados a seguir: para além da propaganda e dos expedientes de controle, a ideia da pré-fabricação da construção também foi fomentada por intenções genuinamente emancipatórias. O ideal de uma pré-fabricação mobilizada para a autonomia persistiu, ora subterrâneo, ora com mais vigor,

12 "A articulação da manufatura possui duas formas fundamentais, que, não obstante seu eventual entrelaçamento, compõem duas espécies essencialmente distintas e que desempenham papéis totalmente diferentes, especialmente na transformação da manufatura em grande indústria, movida pela maquinaria. Esse duplo caráter provém da natureza do próprio produto. Este ou é constituído por mera composição mecânica de produtos parciais independentes [manufatura heterogênea], ou deve sua configuração acabada a uma sequência de processos e manipulações encadeadas [manufatura orgânica]" (Marx, *O capital*, livro I, [1867] 2011, p. 416).

especialmente nas margens do capitalismo. É essa possibilidade que se trata de rastrear e levar adiante.

O ensaio de Jonathan Charley, que abre este volume, é uma história da produção habitacional pré-fabricada na União Soviética desde os anos 1950 até a década de 2010. Não que o autor tenha presenciado toda ela. Mas suas repetidas viagens à URSS, a partir de 1984, com estadias longas em Moscou, vivência dos conjuntos habitacionais da cidade, conversas com moradores, observações minuciosas e pesquisas em acervos e bibliotecas pouco explorados entre nós, fornecem a matéria-prima de uma fascinante narrativa em primeira mão. Ela evidencia que os temas de maior fama da arquitetura soviética — a vanguarda pós-1917 e o retrocesso classicista da era de Stalin — foram menos impactantes na produção concreta do espaço urbano do que as políticas de industrialização da construção implantadas a partir de 1955, no governo de Nikita Khrushchov. Charley caracteriza os primeiros anos dessa produção por uma retomada de ideais revolucionários que de fato melhorou as condições de vida de muitas pessoas: apartamentos e vizinhanças agradáveis e bem equipados, com acesso fácil ao resto da cidade. Porém, a centralização dos processos decisórios, a burocracia, a pressão por produtividade e certo fetichismo da tecnociência levaram paulatinamente a práticas de projeto mais e mais abstratas, quase mecânicas, e a edificações cada vez mais altas em bairros cada vez mais estéreis. Isso sem falar da situação dos trabalhadores nas fábricas e nos canteiros, em nada melhor do que a de seus correlatos ocidentais. O texto nos faz acompanhar essa trajetória até o colapso da URSS e a instalação de um regime urbano dominado por uma nova elite capitalista.

Tema do capítulo seguinte, "Casas pré-fabricadas no país das promessas", de Clécio Magalhães do Vale, são os discursos e as iniciativas de pré-fabricação habitacional no Brasil entre 1950 e 1970. O autor sistematiza o material publicado em revistas e periódicos nacionais da época, e sintetiza as concepções em disputa. Por um lado, havia expectativas de uma grande ação estatal de industrialização do setor da construção, que, à semelhança das políticas soviéticas, promoveria um 'desenvolvimento das forças produtivas' mediante a pré-fabricação pesada e a padronização dos processos de projeto e execução. A fase inicial da ditadura militar e do BNH ainda aumentou essa expectativa, levando as empresas a investirem em pesquisas e protótipos para abocanhar seu quinhão num novo mercado de obras públicas. Por outro lado, sempre estiveram em pauta alternativas mais críticas e mais sensíveis às peculiaridades locais, sobretudo às práticas populares de autoprodução e ao repertório de materiais e componentes disponíveis em cada região. Ambas as concepções de pré-fabricação acabaram suprimidas pela construção convencional, com lucros imensos para os capitais e nenhum ganho para a população, seja como produtora ou consumidora. No entanto, a possibilidade de uma pré-fabricação em outros termos, que não os da indústria pesada e das grandes organizações estatais ou capitalistas, não saiu do horizonte.

A produção de João Filgueiras Lima, analisada por Sergio Ekerman no capítulo "Lelé e a subversão da pré-fabricação", indica justamente isso: uma maneira de abordar processos produtivos racionalizados que não se funda nem na mecanização pesada, nem no comando de um capital ou de um Estado centralizador. Lelé havia conhecido as repercussões da experiência soviética em países do leste europeu e havia experimentado essa abordagem, mas depois passou a se dedicar a processos mais afinados com o contexto brasileiro. Para esclarecer o que embasou essa guinada, Ekerman recupera o debate teórico dos anos 1970 e 1980, isto é, o debate que sucede o período abordado no capítulo anterior. Vê-se que a frente contrária à industrialização nos moldes da URSS foi fortalecida por autores como Ian Terner, que defendeu a autoprodução assessorada tecnicamente e apoiada por uma pré-fabricação leve, diversificada e local. Até Teodoro Rosso, que antes comparecia como arauto da pré-fabricação pesada, relativiza suas posições. Então, numa interpretação tão cuidadosa quanto original, Ekerman mostra que Lelé pôs em prática o que outros apenas teorizaram, destacando especialmente sua experiência em Abadiânia, no início dos anos 1980, como ensaio da possibilidade de uma pré-fabricação pouco mecanizada e, ainda assim, sofisticada, eficiente e transformadora não só das forças produtivas, mas também das relações de produção. Por isso, Lelé é alguém que a ditadura chamaria de 'subversivo' e que Ekerman chama, no melhor dos sentidos, de um "hacker da pré-fabricação". Embora ele tenha enfrentado resistências proporcionais à escala crescente de seus empreendimentos depois de Abadiânia (veja-se, em especial, a demonstração de ignorância do Tribunal de Contas da União), o capítulo fecha com uma síntese precisa do que Lelé teria a ensinar a uma abordagem emancipatória hoje, especialmente considerando as ferramentas de que dispomos.

"O sonho pré-fabricado da construção financeirizada", de José Eduardo Baravelli, fecha este volume com uma análise crítica dos rumos que a industrialização e a pré-fabricação tomaram no contexto mais recente da construção regida pela lógica do capital financeiro. É como se o texto revelasse o segredo por trás de toda essa história (na verdade, Marx já o havia revelado, apenas não o aplicou ao tema[13]): o que importa não é beneficiar mais pessoas, reduzir o preço dos produtos ou melhorar as condições de trabalho; o que importa é aumentar os lucros, a valorização do

13 "Na produção de mercadorias, o valor de uso não é, de modo algum, a coisa *qu'on aime pour lui-même* [que se ama por ela mesma]. Aqui, os valores de uso só são produzidos porque e na medida em que são o substrato material, os suportes do valor de troca. E, para nosso capitalista, trata-se de duas coisas. [...] Ele quer produzir não só um valor de uso, mas uma mercadoria; não só valor de uso, mas valor, e não só valor, mas também mais-valor" (MARX, *O capital*, livro I, [1867] 2011, p. 263).

valor. Os melhores instrumentos para isso vêm dos padrões de governança financeira, isto é, de uma instância muito mais afastada do processo de produção do que arquitetos, engenheiros e outros representantes clássicos do capital de construção. Baravelli explica que a especificidade mais relevante das empresas de construção civil em relação a outras empresas está no fato de que canteiros não são somente fábricas móveis (como um carrinho de pipoca), mas fábricas efêmeras, eventos que se arranjam uma vez e não se repetem de maneira idêntica depois. Cada empreendimento exige reconfigurar o aparato de meios de produção e força de trabalho. A "hipergestão" que as empresas engendram para controlar os fatores determinantes dessa variabilidade em todos os níveis tem por objetivo incrementar a diferença entre os custos de produção e o preço das mercadorias produzidas, e, sobretudo, reduzir o tempo de giro do capital investido. Para mostrar o que isso significa na prática, Baravelli recorre a dois casos de construtoras que usam estratégias financeirizadas, exemplificando como a hipergestão propicia uma industrialização que já não se exibe em nenhuma vitrine. O tipo de pré-fabricação que elas mobilizam não tem nada em comum com os fabulosos e fabulados sistemas concebidos nos anos 1960 e 1970. Eles são expedientes precisos para controlar aspectos específicos que ainda retardam aquele tempo de giro. Mais do que produzir esse ou aquele componente, importa às empresas de construção e incorporação produzir subempreiteiros e fornecedores que assumam as respectivas atividades.

Será esse o fim do sonho da pré-fabricação habitacional? Ou melhor, será o fim do sonho de boas construções, produzidas sem maiores sacrifícios e disponíveis a todas as pessoas? O que o conjunto desses quatro ensaios permite inferir é que uma ilusão se infiltrou na discussão do campo arquitetônico do século XX acerca da pré-fabricação. A imagem da usina que 'solta' milhares de unidades parecia resolver a questão num passe de mágica, quando, na verdade, a pré-fabricação nada mais é do que um de diversos expedientes para controlar a variabilidade dos empreendimentos construtivos. O pressuposto por trás dessa ilusão é que transferir para dentro de plantas fixa certas operações de canteiro torna essas operações constantes, isto é, passíveis de repetição em grande escala sem a necessidade de rearranjos, tal como na produção industrial de mercadorias móveis. Considerada em abstrato, a coisa parece funcionar para suprir as massas. Em concreto, no entanto, restam as outras partes: cidades, terrenos, canteiros e pessoas reais. Para a costura delicada e única que deveria configurar cada articulação material entre essas partes — algo que podemos chamar de *arquitetura* —, os produtos da grande pré-fabricação são um estorvo. Sua homogeneidade viola o heterogêneo, suprime a diversidade. Talvez a percepção desse fato tão bem demonstrado pela experiência soviética esteja na origem da justa resistência à padronização que Teodoro Rosso constata entre os "povos latinos", com seu senso "excessivamente crítico" e suas qualidades "absolutamente antiorganizativas".[14]

O pleito seria, então, por uma prática de construção toda in loco? Não necessariamente. Se o sonho anterior desembocou em pesadelo, é preciso outro — por assim dizer, um sonho pé no chão ou uma perspectiva de futuro que opere nas condições concretamente dadas. O próprio capital aponta o caminho, ainda que por razões que não são as nossas: uma pré-fabricação relativamente miúda, dispersada entre fornecedores relativamente pequenos e, mais do que de ciclo aberto, capaz de se ajustar a empreendimentos específicos. O capital mobiliza essa outra maneira de pré-fabricar como meio para o fim do lucro; nós podemos mobilizá-la como meio para o fim de uma produção sócio-espacial

14 ROSSO, A pré-fabricação: objetivos e perspectivas, 1965, p. 39; cf. abaixo, p. 81.

em que pessoas e coletividades tenham autonomia de decisão e ação.

O que isso significa concretamente? As novas tecnologias podem ajudar na produção e na coordenação de um tal contexto produtivo, mas elas não são imprescindíveis nem farão milagres. Da pré-fabricação em taipa às miniusinas de Lelé, várias das iniciativas discutidas aqui contêm outras inspirações e pistas valiosas. Cabe ler os capítulos seguintes com essa possibilidade em mente e, ao mesmo tempo, com o discernimento crítico que a retrospectiva favorece.

Referências

BRUNA, Paulo Júlio Valentino. Subsídios para uma política de industrialização da construção no Brasil, *Acrópole*, n. 380, 1970, pp. 32–37.

FERRO, Sérgio. O canteiro e o desenho [1976]. In: *Arquitetura e trabalho livre*. São Paulo: Cosac Naify, 2006, pp. 105–200.

FERRO, Sérgio. Concrete as weapon [Concreto como arma (inédito)]. Trad. Alice Fiuza; Silke Kapp. *Harvard Design Magazine*, v. 46, 2018, pp. 8–31, 2018.

FERRO, Sérgio. *Construção do desenho clássico*. Belo Horizonte: MOM, 2021.

FERRO, Sérgio. *Architecture from below*. Ed. Silke Kapp; Mariana Moura. Trad. Ellen Heyward; Ana Naomi de Souza. London: Mack, 2024.

GROPIUS, Walter. A indústria de casas pré-fabricadas [1924]. In: *Bauhaus: Novarquitetura*. São Paulo: Perspectiva, 1972, pp. 189–197.

HERBERT, Gilbert. *The dream of the factory-made house: Walter Gropius and Konrad Wachsmann*. Cambridge, Massachusetts; London: MIT Press, 1984.

LE CORBUSIER [Charles-Édouard Jeanneret-Gris]. *Por uma arquitetura* [*Vers une architecture*]. Trad. Ubirajara Rebouças. São Paulo: Perspectiva, [1923] 1981.

MARX, Karl. *O capital: crítica da economia política. Livro I: o processo de produção do capital* [*Das Kapital: Kritik der politischen Ökonomie. Erster Band*]. Trad. Rubens Enderle. São Paulo: Boitempo, [1867] 2011.

ROSSO, Teodoro. Um imperativo inadiável: a industrialização da construção. *Acrópole*, n. 279, 1962, pp. 91–93, 131–133.

ROSSO, Teodoro. A pré-fabricação: objetivos e perspectivas. *Arquitetura IAB*, v. 4, n. 8, 1965, pp. 33–40.

SABATTINI, Fernando Henrique. *Desenvolvimento de métodos, processos e sistemas construtivos: formulação e aplicação de uma metodologia*. Tese de Doutorado em Engenharia Civil. Or. Vahan Agopyan. São Paulo: Escola Politécnica da Universidade de São Paulo, 1989.

Um mundo pré-fabricado: memórias concretas da União Soviética

Jonathan Charley

Tradução de Silke Kapp

Muitas *mikrorayoni* (microrregiões) periféricas ou cidades-satélite autos-suficientes foram construídas no final dos anos 1970 e nos anos 1980. A maior delas previa duzentos mil habitantes em grupos de torres de vinte andares, pré-fabricadas em concreto. (Fotos do autor, 1988.)

Realidades ficcionais: um conto de outro mundo

Esta é uma história que se passa num mundo estranho e distante, e tem todos os elementos de um épico de ficção científica. No centro da narrativa, há uma elite política todo-poderosa que comanda vastos recursos econômicos e está equipada com extraordinário poder tecnológico e determinada a reescrever o futuro. Ela contém elementos tanto de um sonho utópico — a visão de um comunismo automatizado no qual a necessidade é substituída pelo desejo — quanto de seu Outro, distópico — uma realidade terrível de polícia secreta, linguagem deformada e imperativos totalitários para controlar corpo e mente.[1] Conto uma história sobre a incrível transformação da construção civil soviética no século XX, de um híbrido de artesanato e manufatura para um setor organizado para a pré-fabricação em plantas fixas. É uma narrativa sobre tecnologia, fábricas colossais e maquinaria pesada. É uma narrativa sobre o processo de trabalho na construção civil e sobre a relação entre trabalhadores e meios de produção. É também uma narrativa sobre a melhoria qualitativa das condições de moradia da classe trabalhadora. Em suma, é sobre a política da construção.

No limiar da história: primeiro contato

Coloquei os pés em Moscou pela primeira vez em 1984.[2] Cresci no norte da Europa durante a Guerra Fria, morei por

1 Para uma análise de como as vicissitudes da história soviética foram exploradas na literatura de ficção científica, cf. CHARLEY, The cold war finds a common home, 2019.

2 Minha decisão de visitar Moscou pela primeira vez numa data tão marcante não teve nada a ver com o romance de Orwell, que, de qualquer forma, nunca teve a intenção de atacar o socialismo, e sim de fazer um comentário crítico sobre a natureza das sociedades modernas, nas quais a militarização da vida cotidiana, a deformação da linguagem, a produção ideológica de ilusões e a

Em primeiro de maio de 1986, Marx, Engels e Lenin cobriam a fachada do GUM, o supermercado 'universal' do Estado. Construído no século XIX no estilo das passagens de Paris, o edifício se tornou, depois, um shopping center de luxo. Já os painéis de rua — comuns à época — exibem retratos de premiados trabalhadores-modelo. O letreiro anuncia: "Pela vitória do trabalho comunista". São imagens de uma era perdida, e é improvável que voltemos a ver algo semelhante. (Fotos do autor, 1986 e 1984.)

quatro anos numa base militar na Alemanha, e o impasse ideológico entre o leste e o oeste pesou muito na formação da minha imaginação política. Eu conhecia o slogan 'nem Washington, nem Moscou', mas estava decidido a ver as coisas por mim mesmo e a visitar a terra proibida da URSS. Minha atração pelo leste também foi alimentada pelo desejo de entender como, em meio à grave crise do capitalismo nos anos 1970, a esquerda havia sido dilacerada por uma guerra fratricida em que se traçavam as linhas de batalha de acordo com a definição dada à União Soviética. Para quem estava na direita política, ela era um pesadelo totalitário, um projeto fatalmente malsucedido de engenharia social e a prova viva da incompatibilidade do comunismo com a natureza humana. Para os críticos de esquerda, era um Estado operário deformado, uma versão do coletivismo burocrático ou uma variante do capitalismo de Estado.[3] Imerso no que então parecia ser um debate de vida ou morte sobre o futuro do socialismo, também comecei meu longo percurso pela história da cultura russa. A grandiosidade literária de autores como Dostoiévski e Bulgákov, as sinfonias inovadoras de Mosolov e Shostakovich, as abstrações geométricas de Popova e Malevich, e as obras-primas cinematográficas de Eisenstein e Vertov mudaram a maneira como eu via o mundo.

Talvez por tudo isso, ao caminhar pelas avenidas de Moscou pela primeira vez, tive uma estranha sensação de *déjà vu*. Eu me senti em casa. Com inclinação política para a esquerda libertária, sempre contestei as tendências

falsificação da história são características fundamentais. Dada a ascensão global da direita autoritária, não surpreende que *1984* esteja sendo reeditado em grandes tiragens.

3 Já em 1921, o renomado anarquista russo Voline brincou que a melhor maneira de pensar a URSS seria como URCE, União das Repúblicas Capitalistas de Estado, pois era dirigida por uma burocracia que havia "totalizado, fácil e rapidamente, toda a administração russa e as organizações de trabalhadores industriais e camponeses" (VOLINE, *The unknown revolution, 1917–21*, [1947] 1975, pp. 358, 380).

doutrinárias dos partidos comunistas organizados. Mas, de alguma forma, era estimulante passear por ruas sem anúncios comerciais. No lugar da Coca-Cola e dos jeans nas fachadas das lojas, brilhavam martelos e foices, estrelas vermelhas e slogans sobre a construção do socialismo. Os guias turísticos, bem treinados na arte da propaganda, falavam efusivamente sobre a superioridade econômica da União Soviética, a vitória iminente do socialismo e a degeneração moral do Ocidente. As empenas dos edifícios eram pintadas com afrescos que exortavam a população a ler e a se preparar para o comunismo. Retratos gigantes de Marx e Lenin estavam pendurados nas fachadas da Praça Vermelha e, à medida que meu deslumbrado e ingênuo *eu* se aventurava mais e mais, não encontrava ali as agudas desigualdades de classe que estruturam a cidade capitalista. Era exótico. Pensei que algo do impulso revolucionário que levara à derrubada do Estado capitalista havia sobrevivido ao terror do reinado de Stalin e aos anos de estagnação econômica na década de 1970. Ao longo de um mês, visitei Moscou, Kiev, Leningrado, Tashkent e a lendária cidade de Samarcanda. Ao retornar a Londres, me matriculei imediatamente em aulas de russo e comecei a planejar uma nova viagem. No total, visitei Moscou mais de quinze vezes, incluindo uma estadia de um ano, em 1988, durante o governo de Gorbachev. Em determinado momento, senti que conhecia Moscou melhor do que qualquer outra cidade.

Conflitos ideológicos: arquitetura em guerra

Até hoje continuo obcecado pela história da vanguarda soviética, essa transformação incendiária e sem precedentes da vida política, intelectual e criativa, desencadeada pela

Embora Konstantin Melnikov não se considerasse um construtivista, o clube de trabalhadores Russakova que projetou em 1927 traduz o âmago da vanguarda. Social e tecnologicamente revolucionário, inclusive no uso do concreto armado, o edifício lhe foi encomendado por um sindicato que queria algo dinâmico e moderno. Era conhecido como escola do comunismo e oferecia diversos equipamentos sociais. Seus três salões em balanço podiam ser usados individualmente ou formar um único grande auditório. A nêmesis ideológica da Russakova é o prédio de apartamentos Kotelnicheskaya, às margens do Rio Moskva, projetado em 1952 por um famoso expoente do 'realismo socialista', Dmitry Chechulin. Outros seis desses bolos de noiva neoclássicos foram construídos em Moscou durante os anos de Stalin. Hoje, são os imóveis mais valorizados da cidade. (Fotos do autor, 2010 e 2004.)

Revolução Bolchevique de 1917.[4] Convencidos de que uma nova era na história da humanidade havia começado, os sem-teto ocuparam os palácios da aristocracia, os economistas debateram o significado da teoria do valor-trabalho num estado operário, e os trabalhadores da construção assumiram os canteiros de obras e organizaram comunas de produção. Enquanto isso, músicos, romancistas, pintores, diretores de teatro, designers gráficos e arquitetos desafiavam as convenções da cultura burguesa e buscavam novas formas de comunicação que pudessem ajudar a divulgar os objetivos da revolução social. Desse caldeirão de ideias politicamente carregadas surgiram novas questões. Qual é a função da arquitetura numa situação revolucionária? Existe algo como arquitetura socialista? E, se a cidade capitalista é definida pela injustiça social e pela concentração de riqueza e poder, como o empreendimento urbano poderia evoluir de forma diferente numa sociedade pós-capitalista? As soluções eram diversas e prenhes de idealismo revolucionário: os extraordinários desenhos de Leonidov para o Instituto de Biblioteconomia e o Palácio da Cultura; o manifesto de El Lissitzky para uma arquitetura da revolução mundial;[5] a teoria do construtivismo acerca do condensador social; os excepcionais clubes de trabalhadores de Konstantin Melnikov. O possível parecia não ter limites. A imaginação urbana fervilhava numa expectativa febril. Surgiram planos fantásticos para cidades voadoras, orbitais, radiais, lineares e verdes, juntamente com projetos de redes de infraestrutura para ligar assentamentos comunitários em todo o país, visões revolucionárias de um futuro baseado no planejamento racional e no princípio da distribuição igualitária

4 Deparei-me com ela pela primeira vez quando era um estudante de arquitetura desiludido, na década de 1970, num pequeno volume com misteriosas imagens granuladas: SHVIDKOVSKY, *Building in the USSR 1917–1932*, 1971. Cercado como eu estava pelas hipocrisias do pós-modernismo, foi uma revelação.

5 Cf. EL LISSITZKY, *Rússia: a reconstrução da arquitetura na União Soviética*, [1921–1930] 2019.

de recursos. Parafraseando Ernst Bloch, eram protótipos de 'paisagens do desejo', nas quais as distinções sócio-espaciais entre cidade e campo, capital e província, centro e periferia seriam para sempre relegadas à história.[6]

Foi um experimento que durou pouco. No início dos anos 1930, o Vkhutemas, epicentro criativo do pensamento crítico em arte e arquitetura, foi fechado, e a vanguarda foi exilada (destino compartilhado pela Bauhaus na Alemanha[7]). Como parte da consolidação de Stalin no poder, a cultura soviética recuou para o território familiar do classicismo, da arte figurativa e do mito, numa contrarrevolução cultural completa, confusamente chamada de 'realismo socialista'. Nem socialista, nem realista em nenhum sentido significativo, seu principal objetivo ideológico era camuflar a repressão, a fome e o ataque a todas as formas de dissidência por meio da representação invertida da realidade social. A arquitetura modernista foi condenada como burguesa, ininteligível para as massas e manifestação do capital financeiro. Sob o slogan 'arquitetos ao cadafalso', divulgou-se um novo manifesto para a arquitetura soviética, firmemente enraizado na "assimilação crítica do patrimônio arquitetônico anterior" e impregnado de "conteúdo ideológico, forma nacional e espírito do Partido".[8] Foi uma mudança total de direção, coroada em 1936 por um plano

6 Para uma introdução ao debate sobre a direção futura do urbanismo soviético, cf. KHAN-MAGOMEDOV, *Pioneers of Soviet architecture*, 1987.

7 Como parte do centenário do Vkhutemas, fui convidado a escrever um ensaio sobre seu legado. No texto, sugeri que não somente ele foi equivalente à Bauhaus, mas superior a ela em amplitude e diversidade de ideias críticas — muitas das quais alimentadas pela revolução social (cf. CHARLEY, The ghost of Vkhutemas, 2020).

8 Para uma discussão sobre o impacto mais geral do 'realismo socialista' na arte soviética, cf. ROBIN, *Socialist realism: an impossible aesthetic*, [1986] 1992, pp. 63–72. Para uma discussão dos mitos do 'realismo socialista' e as implicações do programa cultural e urbano de Stalin, cf. CHARLEY, The dialectic of the built environment: the making of an imperial city, 1996. Detalhes acerca da mudança de direção ideológica na arquitetura soviética se acham nos editoriais da revista *Arkhitektura CCCP* de 1933 a 1936.

para reconstruir Moscou como personificação imperial de um Estado absolutista.

No entanto, apesar da fama duradoura da vanguarda e do impacto indiscutível do programa de construção monumental de Stalin, esses dois episódios históricos — nos quais a relação entre arquitetura, desenvolvimento urbano e ideologia é exposta — são pouco significativos quando comparados às consequências da decisão de industrializar o setor de construção. Um amigo moscovita me perguntou certa vez por que eu perdia tanto tempo passeando pelos conjuntos habitacionais das periferias de Moscou. *Por que você não passa mais tempo em cidades antigas e pitorescas, como Novgorod e Suzdal, ou fica em Leningrado, a Veneza do norte?* Respondi que reluzentes cúpulas douradas, avenidas neoclássicas e ícones pintados podem render cartões postais, mas era ali, nos panoramas de concreto armado até onde a vista alcança, que estava a história moderna de Moscou. As pessoas comuns não viviam nem nos terrenos da igreja ortodoxa, nem em apartamentos de luxo escondidos em condomínios na floresta, nem nas gigantescas torres-bolo-de-noiva da era Stalin. Elas viviam naquelas paisagens implacáveis, e era isso que eu queria entender. Parecia uma obrigação política.

Moradia experimental: a transição para um novo modo de vida

Assim começou minha jornada pela história selvagem da industrialização soviética. Depois da Segunda Guerra, os governos de toda a Europa enfrentaram a urgente tarefa de reconstrução urbana. A habitação, em especial a da classe trabalhadora militante, era uma prioridade política para quem quisesse evitar a ameaça de revolução social. Se havia sido possível reunir recursos em condições de conflito armado, não seria politicamente inimaginável orquestrar a

O bloco de apartamentos Dom Narkomfin, projetado por Mosei Ginzburg e Ignaty Milinis em 1928, foi um laboratório da arquitetura construtivista. Concebido como uma 'comuna habitacional de tipo transitório', devia apoiar a transição para o novo modo de vida, *noviye beat*. Social e tecnologicamente inovador, incluía apartamentos coletivos e individuais, assim como lavanderia e cozinha comunitárias. Sua construção recorreu ao repertório modernista: estrutura de concreto; alvenaria de preenchimento; superfícies rebocadas; janelas em fita; pilotis. Décadas depois, a chamada 'Casa para um novo modo de vida' — projetada em 1965 por Nathan Osterman, um dos principais arquitetos de Novye Cheryomushki — revisita e expande o programa de Dom Narkomfin. Também foi uma obra emblemática no uso experimental do concreto e na busca por novas formas de viver. Há biblioteca comunitária, cozinha, solário, jardim de infância e uma série de outras instalações coletivas. Hoje, o prédio projetado por Osterman é uma moradia estudantil, e o Dom Narkomfin foi totalmente reformado. (Fotos do autor, 2017 e 1988.)

reconstrução urbana em tempos de paz.[9] Com a escassez de recursos e uma força de trabalho dizimada, predominava o consenso de que somente a pré-fabricação forneceria quantidades suficientes de moradias no ritmo necessário. Na Rússia, a crise era particularmente grave: milhões de mortos e centenas de cidades e vilarejos destruídos, numa total devastação que se estendia dos arredores de Moscou até a fronteira da Polônia. Já em 1928, a chamada Organização de Arquitetos Contemporâneos (OSA), liderada pelos construtivistas, lançara um manifesto pela industrialização do setor da construção com base na "aquisição ativa e científica de todas as conquistas tecnológicas mundiais no campo mais avançado de materiais, estruturas, mecanização e padronização da produção de edifícios".[10] Contudo, apesar da destruição catastrófica das cidades soviéticas, a pré-fabricação e a industrialização da construção habitacional não estavam na agenda política. A política arquitetônica soviética do pós-guerra permaneceu aprisionada no

9 O governo britânico do pós-guerra lançou um programa social radical, com fundação de um Estado de bem-estar social e nacionalização dos principais setores da economia, incluindo as indústrias de aço e carvão, ferrovias, serviços públicos e o Bank of England. Houve até um pleito para nacionalizar a terra, mas esse gesto radical ia longe demais para a maioria dos políticos, que continuavam temendo a transformação bolchevique da Grã-Bretanha. Embora a produção de habitações sociais, encomendadas pelas autoridades locais e de sua propriedade, tenha explodido, a indústria da construção continuava dependente do setor privado. No início do pós-guerra, foram feitos experimentos notáveis em pré-fabricação, tais como unidades habitacionais de estrutura de aço e madeira, e a famosa casa *Airoh*, de alumínio, projetada por engenheiros aeronáuticos e que era montada em doze horas. Mas foi somente nos anos 1960 que a construção de torres de concreto pré-fabricadas começou a mudar a paisagem das cidades britânicas. A maioria delas foi construída em Glasgow, meu lar adotivo, o que rendeu à cidade o duvidoso título de capital europeia dos arranha-céus.

10 O manifesto era muito semelhante à tese de Walter Gropius, que acabou sendo publicada em *New Architecture and the Bauhaus* (1935). A disseminação das primeiras ideias sobre a arquitetura soviética adequada a um 'novo modo de vida' (em russo, *noviye beat*) se deu pela revista OSA, publicada entre 1927 e 1932, e reimpressa em Moscou em 2008. Trechos em inglês podem ser encontrados em duas excelentes antologias: KHAN-MAGOMEDOV, *Pioneers of Soviet architecture*, 1987; COOKE, *Russian avant-garde: theories of art, architecture and the city*, 1995.

domínio ideológico do realismo socialista. Os sacrifícios e a imensidão da vitória soviética exigiam uma cidade triunfal digna da Antiguidade clássica — monumental, decorativa e escultural.

A situação só mudou depois da morte e da denúncia de Stalin. Em 1955, o Comitê Central do Partido Comunista publicou dois documentos cruciais, intitulados *Da eliminação do luxo exagerado no projeto e na construção* e *Do desenvolvimento da construção habitacional na União Soviética*.[11] Era um ataque nada sutil ao formalismo bombástico da era Stalin e o reconhecimento tácito do fato de que a reconstrução da cidade seria impossível enquanto as formas tradicionais de trabalho manual e artesanal dominassem o setor. A futura Moscou não seria feita de pedras, estuque e cariátides. À medida que os retratos e as estátuas do grande timoneiro eram retirados das ruas, o setor da construção recebia instruções explícitas para se industrializar. Abriram cimenteiras, construíram fábricas de concreto, treinaram trabalhadores como operadores de máquinas e brigadas de montagem no canteiro, e, aparentemente da noite para o dia, painéis e componentes de concreto saíram das linhas de produção. O vasto investimento de recursos nesse cenário tecnológico totalmente novo não permitia voltar atrás. Os caminhões de concreto e as florestas de guindastes mudariam para sempre a cara da cidade soviética e transformariam a vida de seus cidadãos. A mudança foi tão abrangente que, no final dos anos 1980, noventa por cento de todas as novas moradias em Moscou eram de concreto pré-fabricado.

11 Um dos veículos mais importantes para a disseminação de novas correntes ideológicas da arquitetura soviética foram os editoriais do periódico *Arkhitektura CCCP*. Os números de 1955, ano de virada para uma nova era, trouxeram uma série de artigos sobre questões como "O desenvolvimento da crítica criativa e da autocrítica" e "O desenvolvimento de um amplo programa de industrialização". O bombardeio revolucionário e a camuflagem romântica da arquitetura stalinista haviam acabado. O tom mudou de forma irrevogável, e um novo vocabulário surgiu rapidamente: acelerar a construção, reduzir custos, concreto armado, mecanizar, padronizar detalhes, pesquisa científica e tecnológica.

Apesar de suas falhas, esse programa urbano melhorou consideravelmente as condições de vida da maioria da população. Muitas pessoas desfrutaram pela primeira vez de água quente, aquecimento central e banheiros internos.[12] Isso, por si só, foi uma conquista notável, mas que também oferece uma importante lição histórica. Se a melhoria universal das condições de vida da classe trabalhadora soviética teria sido inconcebível sem as possibilidades abertas pela transição para a pré-fabricação e a produção mecânica, teria sido igualmente difícil imaginá-la sem o planejamento econômico e a socialização dos meios de produção da construção, definidos, no contexto soviético, principalmente pela propriedade estatal.[13]

O futuro é concreto: vida longa a Cheryomushki

As ideias modernistas sobre a mecanização da construção, descartadas por Stalin como burguesas e contrarrevolucionárias, passaram a ser vistas como único caminho

12 Com o benefício da retrospectiva, é fácil apontar os problemas construtivos associados ao concreto pré-fabricado em massa. Embora o tempo não tenha sido gentil com essa primeira geração de construções, ela foi aclamada à época como avanço nos padrões de vida. No Reino Unido, muitos desses prédios foram demolidos e substituídos por edificações mais baixas, construídas especulativamente. Porém, se almejarmos seriamente uma melhoria nas condições de vida da maioria da população mundial, em especial nas megacidades do Hemisfério Sul, é inconcebível não abraçar as possibilidades da pré-fabricação em massa com todos os benefícios que os sistemas digitais avançados e a tecnologia de produção têm a oferecer. Nesse sentido, importa reiterar que pré-fabricação não é sinônimo de torre de concreto. Ela é simplesmente uma maneira de aumentar a produtividade do trabalho por meio da racionalização e da transformação tecnológica da produção. A torre de concreto representa a pré-história dos sistemas de pré-fabricação.

13 No artigo "Sobre a cooperação" (1923), Lenin imagina um socialismo baseado numa rede de cooperativas 'civilizadas'. Num ensaio anterior, ele declara algo similar: "O Estado socialista pode surgir unicamente como uma rede de comunas de produção e consumo" (LENIN, As tarefas imediatas do poder soviético, [1918] 1977, on-line). Esses textos mostram que Lenin não restringe a ideia de socialização à propriedade do Estado.

A praça Ho Chi Minh, próxima ao centro de Moscou, dá acesso à parte mais antiga de Novye Cheryomushki, construída em 1957. O arranjo dos prédios, a escala humana, os cuidadosamente planejados caminhos de pedestres e a vegetação fizeram do bairro um lugar atraente para se viver. Em 2017, anunciou-se a demolição de muitos dos prédios por supostos problemas construtivos. No entanto, especialistas do Instituto de Arquitetura de Moscou provaram que era perfeitamente possível reformá-los, deixando intactas as redes sociais dos moradores. O programa de demolição provocou protestos em massa, pois foi entendido como escancarada especulação imobiliária. (Foto de Chris Leslie, 2017; Foto do autor, 2017.)

viável para o futuro, que seria inequivocamente moldado em concreto. Sob as condições de uma "economia de comando administrativo", as decisões políticas essenciais a respeito de projetos e construções eram centralizadas e depois repassadas aos ministérios regionais e às organizações locais. Havia dois mecanismos principais para atingir os objetivos econômicos e habitacionais do Estado. O primeiro foram os planos quinquenais para o desenvolvimento da economia, lançados em 1928, que estabeleciam objetivos para todos os aspectos do setor da construção, de recomendações sobre novas estruturas salariais até o volume total de concreto e estimativas de metas para o número de apartamentos. Escritos na linguagem surreal do cálculo aritmético, das estatísticas e do jargão administrativo, esses documentos quase sagrados detalhavam e quantificavam tudo o que fosse considerado relevante e tudo o que deveria ser construído. O segundo mecanismo foi a criação do *combinat* de construção habitacional denominado Domo-Stroitelniye Kombinati ou DSK, que reunia arquitetos, engenheiros, economistas, técnicos e trabalhadores da construção civil numa única e gigantesca organização. Imaginava-se o DSK como uma máquina automatizada: a transição entre projeto, fabricação e montagem seria perfeita como na produção de carros e aviões, e entregaria moradias a uma velocidade nunca vista. Institutos de pesquisa foram abertos e encarregados de dar forma à nova cidade soviética, enquanto inovações como a tecnologia de vibrorrolagem melhoraram imensamente a qualidade dos painéis de concreto.

Em 1957, ano do lançamento do Sputnik, o primeiro conjunto habitacional experimental abriu as portas em Novye Cheryomushki, no sul de Moscou.[14] Com edifícios de

14 Na minha última viagem a Moscou, em 2017, para escrever sobre as consequências da privatização de moradias e do despejo forçado de moradores, aluguei um apartamento nesse bairro. Não obstante os problemas de drenagem e descarte de resíduos, e a falta de elevadores, o verdadeiro motivo da demolição foi o valor do terreno.

painéis de concreto, ora de cinco, ora de oito pavimentos, o conjunto havia sido planejado como condomínio ecológica e socialmente integrado, com parques, vias de pedestres, escolas, cinema e lojas. Sua linhagem arquitetônica remontava às cidades-jardim do início do modernismo e, sobretudo, à ideia construtivista da *Sotsgorod* ou cidade socialista, um assentamento comunitário para trinta mil pessoas, projetado e defendido como modelo universal para um novo tipo de urbanismo descentralizado.

Novye Cheryomushki foi um sucesso internacional imediato. Arquitetos e planejadores de toda a Europa acorreram em bandos para ver o admirável mundo novo erguido pelos guindastes. Ninguém havia imaginado que o experimento teria tal impacto. Seu edifício de cinco pavimentos em painéis de concreto, o *piati-etashnie*, se tornou um ícone cultural. Popularmente chamado de Khrushchovka, em homenagem ao então líder soviético Nikita Khrushchov, demonstrou as possibilidades urbanas da produção em massa. Em dez anos, praticamente todas as cidades, de Minsk a Vladivostok, tinham seu próprio Cheryomushki composto por esses modestos apartamentos pré-fabricados. Era o protótipo de uma modernidade soviética renascida. Sua fama foi tamanha que ninguém menos que Dimitri Shostakovich escreveu uma opereta, estreada em 1959, que incluía as célebres palavras: "Cheryomushki, Cheryomushki... Em todos os cômodos, em todos os andares, felicidade municipal! Um lugar celestial sem vestígios de passado sombrio e sangrento... Finalmente, o paraíso". Não se pode superestimar a influência desse modelo de moradia, que não só se tornou onipresente em toda a União Soviética, como também foi exportado para a Europa Oriental, a África e Cuba.

A vitória da máquina: determinismo científico e tecnológico

Experimentos construtivos, juntamente com o compromisso político de mecanizar o setor da construção, refletiam uma mudança cultural mais geral nas atitudes em relação à ciência e à tecnologia na década de 1960. Leste e oeste foram ambos tomados pela crença no seu poder socialmente transformador. Supunha-se que sistemas energéticos avançados e de produção industrializada revolucionariam a vida cotidiana dos cidadãos. Em 1963, o líder do partido trabalhista e primeiro-ministro britânico Harold Wilson fez um discurso lendário no qual redefiniu o socialismo como algo que surgiria no "calor dessa revolução [científica]". Ela seria o catalisador na criação de uma Grã-Bretanha nova, moderna e próspera. Foi comovente e, além disso, ecoou os sentimentos da União Soviética que, em certo momento, estava treinando mais cientistas e engenheiros per capita do que qualquer outro país do mundo. Uma nova era se anunciava. A maquinaria da produção industrial, alimentada por lógica, código binário e matéria-prima, e totalmente automatizada e socializada, libertaria o cidadão soviético da necessidade, apagaria as distinções entre trabalho manual e mental, simples e complexo, e sinalizaria o início da transição para o comunismo puro.[15] Se, como diziam os livros didáticos soviéticos, a propriedade estatal dos meios de produção havia erradicado as contradições típicas da sociedade capitalista, então o futuro do socialismo e da cidade soviética seria impulsionado pelas forças produtivas e pelas possibilidades ilimitadas de uma ciência e uma tecnologia não

15 A aceleração na escala da produção em massa coincidiu com o chamado 'degelo de Khrushchov', isto é, a redução da repressão política entre 1956 e 1964. A censura foi relaxada, as possibilidades de um socialismo revigorado foram pautadas e houve uma melhora significativa no setor de bens de consumo que transformou a vida doméstica. Isso também coincidiu com um aumento constante no desempenho econômico, de modo que, ao final dos anos 1960, a URSS parecia se aproximar dos EUA.

A Academia de Ciências, construída em 1967, é um conjunto 'pós-moderno' de bordas reluzentes, esculturas de cientistas famosos e uma coroa de ouro com estrelas vermelhas no topo. Era como um farol que brilhava sobre Moscou. Já o museu espacial Yuri Gagarin fazia parte do chamado Centro de Exibição das Realizações da Economia Nacional [hoje, Centro Panrusso de Exposições], que, em 1989, reunia mais de oitenta pavilhões, cada um dedicado a um ramo da economia nacional. A entrada desse parque temático ideológico, projetado para impressionar e provar a superioridade da ciência e da tecnologia soviéticas, se fazia por um arco triunfal ladeado pela enorme escultura de um foguete e por uma estátua colossal, de autoria de Vera Mukhina, de um trabalhador industrial e uma mulher camponesa empunhando a foice e o martelo. (Foto de Chris Leslie, 2017; Foto do autor, 1984.)

contaminadas pela ideologia política.[16] Era uma fórmula simples e sedutora, na qual parecia que não apenas a natureza, mas o próprio motor da história haviam sido conquistados e domados. Sendo o socialismo como uma máquina, sua perfeição futura — incluindo a construção habitacional — seria uma questão de eficiência mecânica e cálculos precisos. Como num passe de mágica, a dialética de forças produtivas e relações de produção havia sido transcendida, e agora o determinismo tecnológico sob a forma da máquina milagrosa podia ser canonizado como leitmotiv do progresso humano.

A tese foi satirizada tanto por Ievguêni Zamiátin, que previu que "[a]lgum dia, uma fórmula exata para a lei da revolução será estabelecida",[17] quanto — para a irritação dos comunistas franceses alinhados com Moscou — por Henri Lefebvre: "É ridículo definir o socialismo apenas pelo desenvolvimento das forças produtivas. [...] As pessoas não lutam e morrem por toneladas de aço, ou tanques, ou bombas atômicas. Elas aspiram a ser felizes, não a produzir".[18] Em consequência da elevação das forças produtivas, da ciência e da tecnologia ao ápice da vida soviética, e da primazia da estrutura econômica acima de todas as outras

16 Apesar da crítica ao stalinismo, o marxismo soviético continuou apegado à primazia das forças produtivas na explicação das mudanças históricas. Trata-se essencialmente de uma versão de determinismo tecnológico, articulada pela primeira vez por Stalin, em *Materialismo dialético e materialismo histórico* ([1938] 1982). Em meio à repressão generalizada e à violenta centralização do poder político, ele declara o fim da exploração e das contradições sociais.

17 ZAMYATIN, On literature, revolution, entropy, and other matters, [1924] 1991, p. 108.

18 LEFEBVRE, *Critique of everyday life, Volume 1*, [1947] 1991, p. 48. Duas obras de ficção científica marcaram a era soviética e desmantelaram satiricamente a ideia de uma máquina milagrosa. Uma é o romance *Nós* (1924) de Ievguêni Zamiátin, que depois inspirou George Orwell. O narrador, o engenheiro D-503, projeta a magnífica "Integral", uma nave de vidro e aço para "integrar a grandiosa equação do universo" (ZAMIÁTIN, *Nós*, [1924] 2017, e-book). Cinquenta anos depois, Mikhail Emtsev e Eremei Parnov publicam *Dusha Mira* (Alma do mundo), uma crítica igualmente corrosiva do fetichismo tecnológico, que apresenta uma máquina-planta híbrida revolucionária, a "Biotosis", que emite verdade, transparência e empatia, e que une os seres humanos num coletivo global todo-poderoso.

formas de atividade humana, tudo o que se assemelhasse a idealismo, sonho utópico ou crítica poética passou a ser visto com desconfiança.[19] Todas as instituições de pesquisa, incluindo o chamado Instituto de Teoria e História da Arquitetura Soviética, em Moscou, receberam como prefixo a palavra *nauchniye*, científico, para lhes conferir, pelo menos semanticamente, um verniz de objetividade e pensamento racional. Além disso, alunos de quaisquer áreas eram obrigados a estudar as 'leis' do materialismo histórico e dialético, que supostamente governavam tanto a natureza quanto a história humana. Era tudo muito simples: a certeza reina suprema, a dúvida é para os fracos de espírito, e tudo no universo conhecido, inclusive a cidade futura, pode ser explicado como 'unidade dos opostos, negação da negação e transformação da quantidade em qualidade'.

Algo inesperado: convergência no processo de trabalho

O sonho determinista de uma utopia científica e tecnológica foi muito bem recebido no setor da construção. Mediante o treinamento amplo de arquitetos e operários, previa-se o surgimento de uma nova divisão do trabalho na qual o número de técnicos e gerentes aumentaria lentamente, enquanto o trabalho não qualificado desapareceria. Com os meios de produção socializados, a mecanização acarretaria uma sofisticada requalificação da mão de obra e o fim das formas de alienação características do processo de trabalho capitalista, descritas por Marx nos *Manuscritos econômico-filosóficos* de 1844. Das ruínas de uma indústria de construção

19 Isso foi acentuado por uma leitura historicamente descontextualizada e mecanicista do ensaio de Marx sobre a relação dialética entre existência social e consciência, em *Para a crítica da economia política* ([1859] 2024), e do famoso discurso de Engels sobre a distinção entre socialismo "utópico" e "científico" no *Anti-Dühring* ([1877] 2015).

A história formalista da arquitetura, que exclui a história da construção, é irritante e ligeiramente ridícula — um pouco como um pintor que não se interessa por tinta, tela e pincéis. Grande parte da minha mal escrita tese de doutorado foi dedicada à história do trabalho de construção na União Soviética. Tentei tecer uma história arquitetônica que colocasse os trabalhadores e a tecnologia no centro. Essas imagens de um canteiro de prédios de painéis de concreto, de nove a quatorze andares, foram feitas no norte da cidade, perto do Instituto de Construção e Engenharia de Moscou, onde eu estudava. (Fotos do autor, 1987.)

antiquada, nascia um novo trabalhador moderno, polivalente, altamente qualificado, liberado do trabalho manual pesado e com total controle de um processo de trabalho que teria um caráter criativo e diretamente social.[20] A narrativa era, no mínimo, inebriante. Ecoava a cultura revolucionária do início dos anos 1920, quando trabalhadores inspirados por ideias anarco-sindicalistas imaginaram um processo de trabalho qualitativamente diferente, que privilegiaria o igualitarismo, o compartilhamento de salários e o genuíno controle da produção por eles mesmos. Em termos históricos, importa notar que, apesar da calcificação do marxismo soviético, as questões críticas sobre a forma social do trabalho nunca deixaram de existir.

Como acadêmico estrangeiro, tive a sorte de conseguir acesso ao Salão 1 da palaciana Biblioteca Lenin, em Moscou. Foi lá, numa mesa com tampo de couro iluminada por uma lâmpada de latão polido, sob uma faixa vermelha que dizia "Trabalhadores intelectuais, aumentem sua produtividade no interesse da construção do socialismo", que encontrei um mundo esquecido. Revistas não censuradas dos anos 1920, que revelavam a admiração dos trabalhadores da construção civil pela oposição de esquerda, comentários críticos sobre o taylorismo e reclamações sobre empreiteiros capitalistas nos recém-formados departamentos de Estado. Foi lá também que descobri textos contemporâneos surpreendentes e outros, escritos durante o degelo de Khrushchov,

20 Uma diferença significativa entre Oriente e Ocidente era a presença de mulheres na força de trabalho. Era comum que trabalhassem também na construção civil, não apenas como estucadoras e decoradoras no canteiro, mas também como operárias e supervisoras nas fábricas. Em entrevistas que realizei numa fábrica de painéis de concreto em 1988, descobri que um terço do operariado era de mulheres, incluindo a supervisora. A porcentagem de mulheres no setor da construção era de quase 30% em 1968 (cf. *Trud v CCCP, Statistichiski sbornik*, 1968, p. 76). No fim dos anos 1980, estima-se que quase a metade da força de trabalho de todo o setor industrial era de mulheres, seguindo um padrão estabelecido na década de 1960, quando se calculava que 10% dos diretores de empresas de construção, 60% dos chefes de laboratório e 44% dos técnicos eram mulheres (DODGE, *Women in the Soviet economy*, 1966, pp. 178–179, 204).

que falavam abertamente da "igualdade econômica dos produtores livremente associados", da "eliminação do trabalho físico" e da necessidade de "repensar sistematicamente o significado da propriedade social".[21]

A realidade do mundo moderno do trabalho, no entanto, era um pouco diferente. A anos-luz do idealismo revolucionário do início dos anos 1920 ou mesmo da década de 1960, surgia, na década de 1970, uma estranha e inesperada convergência. Os trabalhadores da construção soviéticos se viram confrontados com um regime de trabalho coercitivo, quase idêntico ao do Ocidente capitalista. O uso generalizado de remuneração por peça e de esquemas de bônus, a aplicação universal da organização científica do trabalho (NOT), a institucionalização da chamada 'administração por um homem só' (*edino-nachaliye*) e a introdução de competições de produtividade entre brigadas de construção (emulação socialista) reforçaram a impressão de que, assim como seu antípoda capitalista, o processo de trabalho soviético era organizado com uma única intenção: aumentar a produtividade pela intensificação do trabalho e pelo prolongamento da jornada.[22] À revelia de todas as ilusões dos sistemas eco-

21 Havia, por exemplo, trabalhos acadêmicos da década de 1960, cujos títulos traduzidos seriam "Mudanças na composição e nas condições do trabalho em relação ao progresso técnico" (I. Boroboev, 1967) e "Progresso técnico na construção e tendências no caráter e no conteúdo do trabalho" (M. Nikonov, 1969). Dos textos da década de 1980, vale destacar "Общественная форма труда при социализме" (A forma social do trabalho sob o socialismo), de A. Smirnov et al. (1984), e "Изменение Характера и содержания труда на со временном этапе развитиясоциализма" (Caráter e conteúdo do trabalho em transformação no estágio moderno de desenvolvimento do socialismo), de R. K. Ivanova e D. N. Karpukhin (1987).

22 A *Nauchniye Organizatsia Truda* (NOT), uma adaptação do taylorismo, foi introduzida pela primeira vez na década de 1920, quando seu principal teórico, Alexei Gastev, publicou "Como se deve trabalhar" (*Kak nada rabotat*, 1921). Entre suas muitas recomendações estavam a organização calculada e bem calibrada do trabalho e o treinamento dos gestos dos trabalhadores para que se assemelhassem aos de uma máquina. A "emulação socialista" (*socialisticheskoye sorevnovanie*) provém do mesmo período. As principais revistas do setor na década de 1930, *Trud* (Trabalho) e *Stroitelnaya Promishlennost* (Indústria da Construção), traziam regularmente relatórios fantasiosos sobre a produtividade do trabalho. No início da década de 1930, a norma para um

nômico-políticos rivais, se um trabalhador soviético tivesse sido vendado e transportado de uma fábrica de painéis de concreto nos arredores de Moscou para uma no Ocidente, mal teria notado a diferença: o mesmo barulho ensurdecedor, a mesma poeira sufocante, estruturas salariais quase idênticas e um ritmo de trabalho ditado pela velocidade da linha de produção. Assim como seus pares ocidentais, os trabalhadores soviéticos eram alienados dos meios de produção; meios esses 'socializados' apenas no sentido de que eram propriedade de órgãos estatais abstratos aos quais eles tinham pouco ou nenhum acesso. Nos *Grundrisse* e no primeiro volume d'*O capital*, Marx escreve fervorosamente sobre a grande indústria capitalista e seu maquinário, que nada mais é do que a objetificação do trabalho humano e que impõe sobre o trabalhador um poder estranho e dominante.[23] Subjetivamente, o trabalhador soviético se deparava com o mesmo maquinário de dimensões 'ciclópicas' e com os mesmos mecanismos de produção de excedentes, com a única diferença de que o destinatário era o Estado, não o capitalista.

Mas isso não era tudo. Além do chão de fábrica e do canteiro de obras, o trabalhador da construção soviético estava sujeito a outro tipo de 'maquinário': a burocracia monolítica e autorreprodutora do sistema de comando do setor, uma pirâmide labiríntica de ministérios e comitês do Partido, que pesava como um colosso sobre o mundo do trabalho. Longe da transição para um processo de trabalho 'socialista' qualitativamente diferente, os trabalhadores

pedreiro médio era de setecentos a oitocentos tijolos por dia, mas, em 1936, alguns pedreiros estariam, supostamente, assentando a taxa diária implausível de sete mil. Isso foi acompanhado por um ataque renovado à ideia ainda popular de *uravnilovka* (igualitarismo), que foi declarada como "pequeno-burguesa" e uma "distorção do princípio socialista de salários de acordo com a quantidade e a qualidade do trabalho". Ambas se tornaram pilares da política trabalhista soviética, mesmo depois da transição para a produção em massa baseada em fábricas.

23 Cf. Marx, *O capital*, livro I, [1967] 2017, pp. 402 et seq.; Marx, *Grundrisse*, [1857–1858] 2011, pp. 580 et seq.

soviéticos enfrentaram uma combinação de políticas trabalhistas que imitava os piores aspectos da produção capitalista. Com sindicatos politicamente decapitados e sem controle direto sobre o processo de trabalho ou seus produtos, a única forma de resistência para o trabalhador soviético 'atomizado' era falsificar os registros de produtividade, 'enrolar' ou diminuir o ritmo de trabalho.[24] No fim dos anos 1970, a economia soviética começou a estagnar.

Essa situação foi exacerbada pela imensa pressão sobre a economia provocada pela corrida armamentista.[25] No auge, as despesas militares representavam quase um terço do PIB. Escassez de bens de consumo e filas quilométricas para a compra de alimentos básicos se tornaram a norma para a maioria dos cidadãos. Apesar disso, o ditame de aumentar a produtividade do trabalho por meio da expansão contínua da produção em massa baseada em fábricas só se intensificou. As diretrizes do *Gosstroy*, o Comitê Estatal para a Construção, eram de construir mais, melhor, mais barato, mais rápido e mais alto. Pouco a pouco, os edifícios de apartamentos passaram de dez a doze e, depois, a vinte e quatro pavimentos. Os painéis de concreto aumentaram de tamanho, e as organizações de construção habitacional ficaram cada vez mais poderosas e prolíficas. A certa altura, a recordista DSK-1 de Moscou, que empregava vinte mil trabalhadores, construiu um edifício habitacional de vinte andares e oitenta apartamentos em apenas cinquenta e dois dias.

24 Estima-se que, no 11º plano quinquenal (1981–1985), foram perdidos impressionantes 71 milhões de dias de trabalho por 'doença' ou pelo que era popularmente conhecido como *progulka*, 'ir dar uma voltinha'.

25 Sob as condições de intensiva 'acumulação socialista', foi o Estado — e não o capitalista — que acumulou o excedente, cada vez mais canalizado para a corrida armamentista. Esse desequilíbrio foi uma das principais causas do colapso quase total do fornecimento de bens de consumo.

Uma questão de quantidade: construção sem limites

Antes do ressurgimento do mercado imobiliário na década de 1990, caminhar por alguma das avenidas que levam do centro de Moscou à periferia era como uma viagem no tempo por épocas sucessivas e claramente demarcadas em termos econômicos e tecnológicos — testemunhos de setenta anos de desenvolvimento urbano regulado pelo Estado, com correspondência direta entre a produção do espaço e as metas quantitativas dos planos quinquenais. Tais planos foram decisivos para a rápida expansão de Moscou e para a explosão da produção habitacional nos anos 1970 e 1980. Como parte do oitavo plano quinquenal (1966–1970), o Partido lançou uma estratégia de trinta e dois pontos para "melhorar a qualidade da construção". Tal estratégia teve imensas implicações para a atividade de construção, sob quaisquer aspectos, e transformou o setor em todo o continente. Ela foi, ainda, acompanhada, em 1971, por um plano de desenvolvimento de Moscou para os vinte anos seguintes, em que se enfatizava o papel da cidade como centro cultural e econômico da URSS e se ditava um limite para seu crescimento periférico.[26] O tópico mais significativo foi um programa para construir uma rede descentralizada de microrregiões (*mikrorayoni*): bairros autônomos que, em teoria, seriam equipados com toda a infraestrutura social e cultural. Enquanto, na primeira fase da industrialização, os *piati-etashnie* haviam sido planejados em unidades compactas de escala humana, com generosas instalações

26 Embora o plano conferisse mais direitos de controle sobre a atividade de construção para os comitês executivos dos sovietes locais e mais direitos para arquitetos e planejadores, bem como defendesse a criação de unidades construtivas experimentais, as ênfases eram: a introdução de novas máquinas e tecnologias; e a maior padronização dos procedimentos de projeto. Isso foi acompanhado por uma nova listagem de remunerações por peça e esquemas de bônus. Em suma, foi uma tentativa de converter toda a produção em massa de edifícios — do projeto à construção — numa ciência exata.

A perspectiva rumo ao norte de Moscou mostra uma história quase completa da produção de edifícios industriais ao longo de quarenta anos. Em primeiro plano, casas de cinco andares; mais adiante, blocos de oito, dez, doze andares, subindo cada vez mais, quanto mais se avança. Abaixo, uma microrregião típica no noroeste da cidade, com prédios pré-fabricados de nove a doze andares. (Fotos do autor, 2017 e 1984.)

coletivas, essa última fase, da década de 1980, produziu gigantescas regiões periféricas, como Krilatskoye e Tyoply Stan. Construídas para acomodar até duzentos mil residentes em conjuntos de arranha-céus pré-fabricados de concreto, seu tamanho superava qualquer coisa que eu tenha visto antes.

Muitas vezes peguei o ônibus ou o metrô até o fim da linha para tentar compreender essas paisagens implacáveis com suas lajes de concreto militarmente dispostas, que pareciam inspiradas nos desenhos apocalípticos de Hilberseimer para Berlim (1929). Era como se todo o aparato de planejamento urbano e construção tivesse sido infectado por um vírus, perdendo qualquer senso de controle e proporção.[27] Numa sala revestida de madeira, num instituto de pesquisa habitacional no noroeste da cidade, com uma névoa espessa de fumaça de cigarro, um grupo de homens se debruçava sobre o modelo de um novo distrito residencial, disposto numa grande mesa. Enquanto moviam, empilhavam, reposicionavam e realinhavam bloquinhos de poliestireno no mapa, pareciam estar jogando xadrez ou algum jogo infantil de tabuleiro, e não projetando o futuro lar de centenas de famílias. Era a razão instrumental em ação, com poucos vestígios da antiga comuna. Um brinde de vodca e um cigarro, tarefa concluída. Agora, a parte séria — a da construção — poderia começar, e o plano seria cumprido. Afinal, era isso o que importava.[28]

27 Efetivamente, o desenho urbano havia sido reduzido a um processo mecânico de cálculo e elaboração de padrões. Era um mundo muito diferente da minha experiência de trabalho nos sete anos em que fiz parte de uma cooperativa de arquitetos e construtores em Londres, na qual engajamento social e participação pública eram aspectos fundamentais da ética de trabalho.

28 Era como se o 'plano' tivesse assumido vida própria, não como meio para um fim, mas como fim em si mesmo. Na época, percebi que, se o mundo capitalista é assombrado pelo fetichismo da mercadoria, no qual o caráter social do trabalho humano e as relações sociais entre os trabalhadores assumem a forma fantástica de uma relação entre coisas, uma mistificação paralela ocorreu na União Soviética: o fetichismo do plano.

Quanto aos arquitetos dos anos 1980, eles haviam migrado de uma posição de preeminência no processo de construção até o último degrau da hierarquia de tomada de decisões. As longas filas de mesas em escritórios do tamanho de galpões não deixavam lugar para idealismos ou voos criativos. O papel do arquiteto no processo de construção foi reduzido à montagem de uma limitada gama de componentes padronizados, retirados de catálogos. De fato, a profissão se proletarizou, e os arquitetos se tornaram trabalhadores assalariados. No fim da União Soviética, o salário médio de um arquiteto era pouco mais que a metade do salário de um trabalhador da construção e dois terços do de um operário de fábrica. Apesar das melhorias na qualidade da construção e do aumento da diversidade de varandas, acabamentos e plantas, a decisão final acerca de qualquer inovação significativa de projeto era dos economistas e planejadores da construção. Sobretudo, a direção geral do desenho habitacional e urbano estava fora de questão. Embora, no final dos anos 1980, tenha havido esforços para criar um sistema mais flexível de produção em massa, o setor continuou social e tecnologicamente equipado apenas para o edifício-torre isolado no espaço.

E, então, a farsa: da Perestroika ao capitalismo selvagem

Testemunhei o fim da União Soviética em primeira mão. A burocracia calcificada, a estagnação econômica, a escassez de alimentos e mercadorias, e uma população cada vez mais desiludida forçaram o *politburo* a introduzir reformas amplas. *Perestroika* (reestruturação) e *Glasnost* (abertura) entraram no vocabulário popular. Numa notável mudança de tom, economistas e altos funcionários do Partido argumentaram em favor da necessidade de reestruturar

Esse impressionante outdoor é uma celebração explícita do setor imobiliário capitalista depois do colapso da União Soviética. Abaixo, vê-se o bulevar Tverskaya, que a era soviética havia rebatizado Rua Gorky, em homenagem ao autor do romance *A mãe*, que Lenin dizia ser o manual da revolução. Suas fachadas, alinhadas como numa parada militar, são exemplos da arquitetura do século XIX e da era de Stalin. Foram recuadas na década de 1930 para que aviões pudessem pousar secretamente no meio da cidade. Nos anos 1990, a rua voltou ao seu nome anterior e se tornou vitrine para o crescente setor de varejo. (Fotos do autor, 2010 e 2004.)

e democratizar radicalmente as relações sociais, repensar o conceito de propriedade social e reformar o sistema de comando administrativo da gestão econômica. Ainda mais radical foi a proposta de introduzir relações mercantis e um mercado de serviços de projeto e construção. Enquanto isso, numa última tentativa de resgatar algo da cultura revolucionária da década de 1920, houve um pleito para fortalecer o papel dos coletivos de trabalho como "célula fundamental da sociedade socialista e como o principal órgão da autogestão socialista".[29] Alguns autores chegaram a argumentar que, no decorrer da história soviética, os trabalhadores haviam perdido qualquer oportunidade real de participar da administração das empresas ou de questões fundamentais relativas ao desenvolvimento econômico e social. Para que o socialismo tivesse futuro e contasse com apoio popular, era imperativo desmantelar o legado da 'administração de um homem só' e garantir os direitos do Conselho de Coletivos de Trabalho de administrar empreendimentos e eleger gerentes e diretores.[30]

No entanto, a percepção de que a dialética de forças produtivas e relações de produção precisava de uma reelaboração sistemática e de que o marxismo soviético havia se vulgarizado e se corrompido veio tímida e tarde demais. A velocidade do colapso da União Soviética pegou todos de surpresa (aliás, uma das características notáveis dos últimos trinta anos é a rapidez com que o próprio legado de 1917 foi renegado). Dias depois da derrota do golpe de Estado que os linha-dura do Partido Comunista tentaram em 1991, a águia czarista tremulou no mastro do parlamento. Com a privatização total dos ativos estatais e dos principais

29 Nikolay Travkin, um pioneiro do movimento em favor dos coletivos de trabalho no setor da construção, argumentou que, "se pudermos combinar o trabalho dos coletivos com o sistema de sovietes, teremos uma democracia real" (TRAVKIN, Democratisation, 1989, p. 15).

30 GERCHIKOV, Демократизация управления на промышленных предприятиях [A democratização da gestão em empreendimentos industriais], 1989, pp. 122–126.

setores industriais, a cidade mergulhou no capitalismo selvagem dos gângsteres. Em 1996, Moscou parecia tomada por um fenômeno gramatical surreal, digno de Bulgákov. De repente, tudo começava com a letra B: bancos, *bìznizmeni*, bananas, BMWs e balas. Cassinos e casas de câmbio brotavam em toda parte, e, pela primeira vez em setenta anos, ressurgiu um mercado imobiliário. As moradias estatais foram privatizadas, e a propriedade fundiária, restaurada. As fábricas fecharam, os subsídios acabaram, e as cidades de indústria única — antes decoradas com bandeiras vermelhas — foram abandonadas. A rede de segurança que por gerações garantira habitação, educação e assistência médica aos cidadãos se desintegrou. Uma nova palavra apareceu no vocabulário, também com B: *bezdomniyi*, sem-teto, o principal índice — ao lado do desemprego — da desigualdade social que se aprofundou rapidamente na década de 1990. E a situação pioraria ainda mais. Um amplamente divulgado relatório do Credit Suisse afirma que, em 2015, a Rússia tinha o pior nível de desigualdade econômica do mundo, acompanhado por uma onda de dependência de heroína, alcoolismo e doenças mentais.

Paraíso desfeito: a demolição do lar

A substituição do Partido Comunista no topo da vida econômica e política por uma cleptocracia autoritária é uma história para outra ocasião, mas vale refletir sobre o que aconteceu com a produção de moradias. Na minha última visita, em 2017, fiquei num apartamento no lendário Novye Cheryomushki. Estava lá com o fotógrafo Chris Leslie para escrever sobre as consequências da privatização de moradias públicas e a proposta de demolição da primeira geração de apartamentos pré-fabricados, incluindo o que havíamos alugado. Em junho daquele ano, a *Duma* (câmara municipal)

Como convém a qualquer cidade capitalista, o quartel-general dos negócios agora domina o horizonte de Moscou. Enquanto isso, uma moradora que entrevistamos em 2017 enfrentava o despejo. (Fotos do autor, 2017; Foto de Chris Leslie, 2017.)

de Moscou aprovara por unanimidade a demolição de mais de quatro mil edifícios de apartamentos, afetando a vida de quase dois milhões de pessoas. Foram feitas promessas de realojar as famílias na mesma área. Na realidade, a maioria foi realocada para a chamada Nova Moscou, uma paisagem desolada e abandonada de torres densas, muitas delas mal construídas, na periferia da periferia. Rumores de irregularidades e práticas ilegais nesse processo de 'desenvolvimento' eram generalizados, e a condução clandestina e duvidosa da campanha de demolição provocou fúria. Milhares de pessoas marcharam pelas ruas carregando faixas com as palavras *deportação*, *fraude*, *escândalo* e *chistiye obman* (pura enganação).[31] Os ativistas argumentaram que o que estava sendo destruído não eram apenas suas casas, mas todo o seu modo de vida, suas memórias e redes de amigos e familiares. A *Duma* argumentou que o estoque de moradias, em especial as *piati-etashnie*, não tinha salvação. Especialistas da Academia de Arquitetura de Moscou discordaram, mostrando que era perfeitamente possível reparar e melhorar os edifícios. O verdadeiro motivo da demolição foi muito mais prosaico. Bairros como o Cheryomushki ocupavam terrenos de primeira, com excelentes conexões ao centro da cidade. Ficou claro que havia uma especulação urbana politicamente sancionada. Como nos disse um morador que enfrentava a remoção: *Como pode isso, pegar as pessoas e transferi-las para onde as autoridades querem, em prédios altos com apenas um remendo de jardim no meio? Não se pode tratar Moscou e seus habitantes dessa forma! Não estamos aqui de passagem. A cidade deve ser construída para o conforto de seus moradores e não para maximizar os lucros a todo custo.*

Foi um epitáfio triste e um tanto previsível. Após três décadas de terapia de choque econômico, quase não restam

31 Leslie e eu publicamos vários ensaios fotográficos sobre o desenvolvimento urbano de Moscou, com focos ligeiramente distintos: The wrecking ball swings at Moscow, 2017; Moscow residents fighting to save their homes, 2018; Russian Revolution: demolition of paradise, 2018.

vestígios das ideias soviéticas sobre planejamento econômico e urbano. O mito do livre mercado reina supremo, e o setor imobiliário agora governa o desenvolvimento urbano. Houve um tempo em que um visitante podia se orientar em Moscou pelas setes torres-bolos-de-noiva que antes dominavam o horizonte. Não é mais o caso. Como convém a uma metrópole capitalista moderna, o vidro reluzente agora se ergue sobre Moscou, a sede bancária e comercial da nova classe dominante da Rússia. Entretanto, apesar da mudança na forma como a Rússia se vê e se projeta, há continuidades significativas e poderosas com a era soviética. A bandeira vermelha pode ter sido substituída pela águia imperial, mas o poder político e econômico ainda está concentrado nas mãos de uma elite oligárquica. A economia continua em pé de guerra, e todos os caminhos ainda levam ao Kremlin. A reacionária igreja ortodoxa conquistou o espaço deixado pelo Partido Comunista, mas é igualmente hábil na manipulação ideológica das atitudes e crenças públicas, nas quais a fé em Deus e o nacionalismo fervoroso se fundiram a um conservadorismo cultural que censura todas as formas de dissidência.

Marx mais do que nunca: o eclipse da democracia

A democracia ocidental ainda é retratada como uma ficção que não tem lugar real na vida russa. Enquanto isso, o setor de construção habitacional continua preso à lógica da pré-fabricação em massa, com a única diferença real de que a taxa de lucro substituiu o cumprimento das metas quinquenais como objetivo da produção social. O debate sobre a União Soviética como formação social não perdeu nada de sua importância histórica. Penso que uma forma híbrida de capitalismo de Estado com tendências socialistas é a caracterização que mais se aproxima de sua essência.

Nem tudo foi esquecido. Curiosamente, à revelia da autoritária guinada de direita da oligarquia russa, Marx ainda está de pé em frente ao teatro Bolshoi, e Lenin ainda está lá, na Praça de Outubro. Resta saber por quanto tempo. (Fotos do autor, 2004 e 2010.)

Mas, acima de tudo, a URSS foi um experimento, o primeiro de seu tipo. Apesar da sombra totalitária, o discurso sobre as possibilidades econômicas e políticas do socialismo e de uma cidade pós-capitalista não deixará de ser parte de seu legado. Marx ainda está em frente ao teatro Bolshoi, mas há pouca discussão sobre sua crítica do capitalismo. Isso é ainda mais estranho quando se considera o que aconteceu. Em 1994, eu estava conversando com um amigo no seu escritório cheio de livros mofados, bebendo vodca e discutindo literatura e arte soviéticas. Examinei suas estantes. — *Onde estão seus exemplares de Marx?*, perguntei. *Ah, esses*, ele riu, *estão na varanda, apoiando a gaiola dos passarinhos. — Você deveria pegá-los*, respondi, *o velho não escreveu muito sobre o socialismo, mas tinha muito a dizer sobre o capitalismo; acho que vocês precisam dele agora mais do que nunca.*

Pós-escrito de Glasgow ou da loucura urbana cotidiana

Na Europa ocidental, Glasgow já teve a duvidosa fama de capital das torres de apartamentos. Não havia outra cidade fora da esfera de influência soviética com tantas torres de concreto. Nos últimos vinte anos, quase todas elas foram demolidas. A ironia desse seu destino é que haviam sido construídas para substituir os sólidos casarões de arenito do século XIX, os quais, por sua vez, foram os alvos de um programa abrangente de demolições nos anos 1960 e 1970. Dada a reputação de superlotação e insalubridade desses casarões, sobretudo nos bairros pobres da classe trabalhadora, sua demolição foi proposta pela primeira vez em 1946, no chamado Bruce Plan da administração municipal. Inspirado em projetos urbanos do tipo *tabula rasa*, como a Ville Radieuse de Corbusier, esse plano radical previa a demolição quase total da outrora intitulada 'segunda cidade do Império

Nos Gorbals de Glasgow, uma torre pré-fabricada de vinte e quatro andares é preparada para a demolição. Enquanto isso, surge no subúrbio o novo 'lar ideal para a família ideal' produzido em massa. (Fotos do autor, 2008 e 2000.)

Britânico'. Bancos neoclássicos, ilustres instituições culturais, praças públicas, a famosa Macintosh School of Art, a rede de bondes e até o interior em mármore do prédio da prefeitura seriam demolidos, assim como praticamente todo o estoque imobiliário de moradias populares. No seu lugar, surgiria uma metrópole nova e reluzente; higiênica, dinâmica, ambiciosa, modernista, construída em concreto e cercada por uma rodovia de seis pistas. Embora o projeto nunca tenha sido totalmente implementado, vastas áreas dos bairros históricos foram detonadas. Entre os moradores de Glasgow, circulava a piada de que a prefeitura se incumbiu do serviço que a Luftwaffe alemã não deu conta de terminar. A destruição só foi interrompida no final dos anos 1970, quando arquitetos engajados demonstraram que era perfeitamente viável reformar os antigos casarões e quando cresceu a conscientização pública de que o que havia sido feito em nome do progresso urbano era nada menos que vandalismo urbano e cultural. A desgraça em que caiu a torre de apartamentos nos anos 1990 foi tão espetaculosa quanto havia sido sua ascensão trinta anos antes, como epítome arquitetônico do admirável mundo novo. Apesar do fato de que — assim como no caso dos casarões — reformas seriam perfeitamente possíveis, as torres pré-fabricadas de concreto foram vítimas da demonização ideológica da habitação pública e se tornaram sinônimos de engenharia social mal pensada, construção defeituosa e precariedade, esta última ainda agravada pela violência social da desindustrialização da década de 1980. Vista a partir das periferias de cidades brasileiras, onde tantas pessoas vivem em condições precárias, a demolição do estoque habitacional de Glasgow, por duas vezes em cinquenta anos, parece social e ecologicamente incompreensível. E a história fica ainda mais estranha. O ataque implacável à ideia de habitação social nas últimas três décadas, pauta central da agenda neoliberal de privatização do setor público, ajudou a criar a ilusão de que o melhor remédio para a crise habitacional britânica seria permitir que especuladores imobiliários ditassem o desenvolvimento urbano. A ironia adicional em tudo isso é que, longe de dispensar a desgraçada pré-fabricação, para sempre associada pelo imaginário público aos 'males' da torre de concreto, as novas moradias centrais e suburbanas são quase inteiramente pré-fabricadas. A inovação tecnológica que aumenta a produtividade do trabalho é, afinal, um requisito para a manutenção das taxas de lucro no setor da construção. Hoje, as áreas centrais das cidades britânicas estão repletas de torres ostensivamente 'luxuosas', de propriedade privada, construídas com kits estruturais e sistemas de revestimento pré-fabricados. Ao mesmo tempo, proliferam na periferia os imensos conjuntos de casas genéricas, que são anunciadas e vendidas como a concretização do 'lar ideal para a família ideal', mas também provêm de processos altamente industrializados, de larga escala e execução rápida. Em ambos os cenários, todos os componentes e acessórios são produzidos em fábricas e montados no local, num processo que acaba sendo um híbrido de pré-fabricação e trabalho tradicional de canteiro. As unidades de alto padrão são razoavelmente bem construídas, mas muitas outras perdem valor com uma velocidade alarmante, por obsolescência programada, materiais ruins e construção defeituosa. Isso, por sua vez, tem feito com que as empresas financiadoras exijam entradas mais altas e prazos de amortização mais curtos, exacerbando ainda mais a volatilidade do mercado imobiliário, no qual a desvalorização da propriedade, a dívida em espiral e o despejo da própria casa são ameaças constantes. Vale enfatizar que essas instabilidades, além de afetarem a vida individual e familiar, saem facilmente de controle, precipitando crises de caráter mais geral. Como David Harvey nos lembra, houve "centenas de crises financeiras ao redor do mundo desde 1973, [...] e várias destas foram baseadas em questões de propriedade ou desenvolvimento urbano".[32]

32 HARVEY, *O enigma do capital*, [2010] 2011, p. 14.

Referências

CHARLEY, Jonathan. The dialectic of the built environment: the making of an imperial city, *The Journal of Architecture*, v. 1, n. 1, 1996, pp. 19–37.

CHARLEY, Jonathan. The cold war finds a common home: the intertwined worlds of Philip K. Dick and the Strugatsky Brothers. In: Jonathan Charley (ed.). *The Routledge companion on architecture, literature and the city*. London: Routledge, 2019, pp. 152–176.

CHARLEY, Jonathan. The ghost of Vkhutemas. *The Journal of Architecture*, v. 25, n. 6, 2020, pp. 787–791.

CHARLEY, Jonathan; LESLIE, Chris. The wrecking ball swings at Moscow. *The Guardian*, 31 Octobre 2017, on-line.

CHARLEY, Jonathan; LESLIE, Chris. Moscow residents fighting to save their homes. *The Ferret*, 13 February 2018, on-line.

CHARLEY, Jonathan; LESLIE, Chris. Russian Revolution: demolition of paradise. *Urban Realm*, 17 April 2018, on-line.

COOKE, Catherine. *Russian avant-garde: theories of art, architecture and the city*. London: Academy Editions, 1995.

DODGE, Norton T. *Women in the Soviet economy: their role in economic, scientific, and technical development*. Baltimore, Maryland: John Hopkins Press, 1966.

EL LISSITZKY [Lazar Markovich Lissitzky]. *Rússia: a reconstrução da arquitetura na União Soviética*. Trad. Renata Dias Mundt. São Paulo: Estação Liberdade, [1921–1930] 2019.

EMTSEV, Mikhail; PARNOV, Eremei. *World soul* [*Dusha mira*]. Trans. Antonina W. Bouis. New York: MacMillan, 1978.

ENGELS, Friedrich. *Anti-Dühring* [Herrn Eugen Dührings Umwälzung der Wissenschaft]. Trad. Nélio Schneider. São Paulo: Boitempo, [1877] 2015.

GERCHIKOV, Vladimir Isakovich [Герчиков Владимир Исакович]. Демократизация управления на промышленных предприятиях [A democratização da gestão em empreendimentos industriais]. In: Т. И. Заславской, Р. В. Рывкиной (eds.). *Экономическая социология и перестройка* [Sociologia econômica e Perestroika]. Москва [Moscou]: Прогресс [Progresso], 1989.

HARVEY, David. *O enigma do capital* [*The enigma of capital: and the crises of capitalism*]. Trad. João Alexandre Peschanski. São Paulo: Boitempo, [2010] 2011.

KHAN-MAGOMEDOV, Selim Omarovich. *Pioneers of Soviet architecture: the search for new solutions in the 1920s and 1930s*. Trans. Alexander Liven. Edited by Catherine Cooke. London: Thames and Hudson, 1987.

LEFEBVRE, Henri. *Critique of everyday life, Volume 1: Introduction* [*Critique de la vie quotidienne I: Introduction*]. Trans. John Moore. London: Verso, [1947] 1991.

LENIN [Vladimir Ilyich Ulianov]. As tarefas imediatas do poder soviético [1918]. In: *Obras escolhidas em três tomos*. Tomo 2. Trad. [s. n.]. Lisboa: Avante!; Moscou: Progresso, 1977, pp. 557–587.

LENIN [Vladimir Ilyich Ulianov]. Sobre a cooperação [1923]. In: *Obras escolhidas em três tomos*. Tomo 3. Trad. [s. n.]. Lisboa: Avante!; Moscou: Progresso, 1977, pp. 657–662.

MARX, Karl. *Grundrisse: manuscritos econômicos de 1857–1858: esboço da crítica da economia política* [*Grundrisse der Kritik der politischen Ökonomie*]. Trad. Mario Duayer; Nélio Schneider. São Paulo: Boitempo; Rio de Janeiro: Editora UFRJ, [1857–1858] 2011.

MARX, Karl. *O capital: crítica da economia política. Livro I: o processo de produção do capital* [*Das Kapital: Kritik der politischen Ökonomie. Erster Band*]. Trad. Rubens Enderle. São Paulo: Boitempo, [1867] 2017.

MARX, Karl. *Para a crítica da economia política* [*Zur Kritik der Politischen Ökonomie*]. Trad. Nélio Schneider. São Paulo: Boitempo, [1859] 2024.

ROBIN, Régine. *Socialist realism: an impossible aesthetic* [*Le réalisme socialiste: Une esthétique impossible*]. Trans. Catherine Porter. Stanford: Stanford University Press, [1986] 1992.

SHVIDKOVSKY, Oleg Aleksandrovich (ed.). *Building in the USSR 1917–1932*. Trans. [s. n.]. London: Studio Vista, 1971.

STALIN, Josef. *Materialismo dialético e materialismo histórico*. Trad. Olinto Beckrman. São Paulo: Global, [1938] 1982.

TRAVKIN, Nikolay. Democratisation. In: Vladimir Mezhenkov; Eva Skelley (eds.). *One way ticket to democracy: a collection of press articles and interviews*. Moskow: Progress Publishers, 1989, pp. 9–61.

VOLINE [Vsevolod Mikhailovich Eikhenbaum]. *The unknown revolution, 1917–21* [*La révolution inconnue*]. Trans. Holley Cantine. Montréal; New York: Black Rose Books, [1947] 1975.

ZAMIÁTIN, Ievguêni [Евге́ний Замя́тин]. *Nós*. Trad. Gabriela Soares. São Paulo: Aleph, [1924] 2017.

ZAMYATIN, Yevgeny [Евге́ний Замя́тин]. On literature, revolution, entropy, and other matters [1924]. In: *A Soviet heretic*. Trans. Mirra Ginsburg. Chicago; London: The University of Chicago Press, 1991, pp. 107–112.

Casas pré-fabricadas no país das promessas

Clécio Magalhães do Vale

Do cenário

A fabricação de partes de um edifício fora do canteiro, desde pequenos componentes até grandes elementos, não é recente. Sua utilização está na história de todas as civilizações pelos motivos mais diversos. Já a cultura arquitetônica da pré-fabricação é um tema central do discurso modernista, atrelado à aproximação entre arquitetura e indústria, à exploração de novas técnicas e materiais, à experimentação de novos modos de morar e a determinada fase do capitalismo industrial.[1] Os textos, anúncios, projetos, protótipos e empreendimentos em torno das moradias pré-fabricadas analisados neste capítulo se inserem no período áureo desse discurso no Brasil, entre 1950 e 1970, que, não por acaso, coincide com o apogeu do chamado desenvolvimentismo e com o corte histórico de um golpe civil-militar.

Ver-se-á que as iniciativas de pré-fabricação habitacional desse período não se resumem àquelas mais celebradas pela historiografia da arquitetura. Sua quantidade e sua variedade, pelo contrário, indicam que agentes muito diversos, com influências e referências de outros campos que não o da arquitetura, abraçaram o 'desafio' de resolver as carências habitacionais e, sobretudo, a oportunidade de participar de um promissor mercado de massa. Por um lado, muitas propostas foram feitas na expectativa de que o Estado absorveria produtos na escala correspondente aos investimentos de capital esperados. Por outro, empresas e instituições também investiram por conta própria, confiando na demanda gerada pela urbanização e pelo crescimento econômico. Se a maioria das iniciativas não passou da fase de proposta ou prototipagem, e se as que chegaram a produzir e comercializar seus produtos fizeram-no em quantidades relativamente pequenas e por períodos relativamente breves, isso se deu em parte porque o Estado

1 Cf. BERGDOLL, Viscidities of a modernist dream, 2008.

frustrou aquelas expectativas. Ao mesmo tempo, a expansão da economia não reduziu a desigualdade social nem aumentou os salários a níveis suficientes para um consumo massivo de casas pré-fabricadas. A pré-fabricação na construção, em particular na construção de moradias, não se deu aqui em condições comparáveis às dos países do norte. Na verdade, foi experimentada à revelia daquela interdependência macroeconômica entre setores ditos 'atrasados' (trabalho-intensivos) e setores ditos 'modernos' (capital-intensivos) — dicotomia essa que, apenas nos anos 1970, seria claramente articulada e criticada por autores como o sociólogo Francisco de Oliveira e o arquiteto Sérgio Ferro.[2]

O material aqui utilizado foi extraído de jornais, livros e periódicos especializados que documentaram os debates sobre industrialização e pré-fabricação, assim como documentaram obras, projetos, protótipos e empresas relacionados a esses temas. Para efeito de análise, optei por começar pelos debates, e, depois, ordenar cronologicamente as iniciativas concretas. Marco o corte do golpe civil-militar de 1964 e os efeitos que as promessas dos primeiros anos do Banco Nacional da Habitação (BNH) tiveram entre os agentes de dentro e de fora do setor da construção porque significaram mudanças profundas, ainda que não imediatamente evidentes.

Vozes do debate

As publicações especializadas do campo da arquitetura e da engenharia brasileiras do período desenvolvimentista, sobretudo a partir de meados dos anos 1950, comentaram amplamente os desafios da urbanização e da chamada industrialização, como também as políticas públicas para a

2 Cf. OLIVEIRA, Crítica à razão dualista, [1972] 2013; FERRO, O canteiro e o desenho, [1976] 2006.

construção. Via de regra, os editores estavam comprometidos com o projeto moderno de articulação entre arquitetura e indústria. Publicavam contribuições locais e estrangeiras, em especial de países 'desenvolvidos', na intenção de estimular potenciais empreendedores. Houve uma verdadeira militância a favor dos processos mecanizados de construção, que seriam capazes de superar procedimentos 'arcaicos'. A própria dicotomia entre arcaico e moderno não foi seriamente questionada nessa fase, embora tenha surgido uma ou outra opinião mais cautelosa.

Assim, por exemplo, a revista *Habitat*, editada por Lina Bo Bardi e Pietro Maria Bardi, traz, em 1956, um texto do arquiteto Maurizio Mazzocchi que sintetiza um relatório de técnicos argentinos sobre o problema da moradia, destacando o baixo rendimento da mão de obra e a "maneira irracional como é encarada, em nosso país [Argentina], a construção da habitação (falta de padronização e de industrialização)".[3] Os técnicos argentinos asseguram que a pré-fabricação em oficinas garantiria custo reduzido e perfeito aproveitamento do dia de trabalho do operário, sem resultar em monotonia arquitetônica. Cientes dos investimentos necessários, eles defendem a intervenção estatal para que a construção passe do artesanato à produção em série. E Mazzocchi fecha o artigo reforçando essa fé: "na época da máquina em que estamos vivendo, a técnica sempre consegue encontrar uma solução adequada para os problemas que lhe são submetidos".[4]

Entre os mais cautelosos, o engenheiro carioca Augusto Luiz Duprat propõe fomentar cooperativas e defende que cada operário se torne proprietário.[5] O demógrafo e

3 MAZZOCCHI, Idéias e programas em favor da habitação econômica, 1956, p. 36. Os "técnicos argentinos" que Mazzocchi cita neste trecho são os arquitetos Luiz Morea, Alberto Riour, German Framinam, Jorge Hardoy e Dermot Grahm, o advogado Carlos Prez Crespos, e o engenheiro A. E. Holmberg.

4 Ibidem, p. 38.

5 [DUPRAT], O problema da habitação no Brasil, 1963. Trata-se de um depoimento originalmente publicado na *Revista de Administração Municipal*, que

estatístico pernambucano Antônio Carolino Gonçalves analisa o crescimento urbano do Recife e pondera que "não se pode pensar na construção de casas populares senão com a utilização de materiais regionais; novas técnicas de construir poderiam ser tentadas, [...] numa combinação das tradições regionais com as modernas técnicas de construção".[6] Das vozes internacionais publicadas por aqui, destaca-se um texto do arquiteto Richard Ahern, traduzido da revista indiana *Urban and Rural Planning Thought*, que questiona a reprodução do planejamento urbano ocidental na Ásia e aponta a falácia de fórmulas como "Quanto mais cientificamente planejadas, melhores serão as unidades de habitação" ou "Quanto mais uniforme o projeto, maior a economia".[7] Para Ahern, padronização não é sinônimo de economia. "Na Ásia, onde o custo dos materiais é alto, tal industrialização seria cara, porém, também na Ásia, o custo da mão de obra é tão baixo que a variedade nos planos de construção pesaria muito pouco no custo global, e este acréscimo seria compensado de muitas formas".[8] Também um artigo do arquiteto franco-suíço Claude Schnaidt, traduzido do *Journal of the Hochschule für Gestaltung*, questiona o confronto entre construção tradicional e construção pré-fabricada, argumentando que o debate técnico encobre as questões econômicas, políticas e legais.[9] Para ele, o sistema tradicional de construção teria melhorado sua performance, ao passo que avançar na industrialização demandaria um planejamento econômico democrático com participação popular sobre investimentos prioritários.

a *Arquitetura IAB* republica no mesmo ano.

6 [GONÇALVES], O problema da habitação e os arquitetos, 1963, p. 20. Trata-se de uma republicação, na *Arquitetura IAB*, de um trecho do livreto *Migrações para o Recife II — Aspectos do crescimento urbano*, publicado pelo Instituto Joaquim Nabuco de Pesquisas Sociais, em 1961.

7 AHERN, Cinco fórmulas falsas para a habitação, 1965, pp. 17, 18.

8 Ibidem, p. 18.

9 SCHNAIDT, Esperança pré-fabricada, [1964] 1965.

O registro mais completo dessas discussões no campo da arquitetura e da engenharia talvez tenha sido a revista *Arquitetura IAB* onde também as contribuições acima mencionadas foram publicadas. A partir do momento em que o próprio Instituto de Arquitetos do Brasil (IAB) organiza o Seminário de Habitação e Reforma Urbana (SHRU), em 1963, os temas da industrialização e da pré-fabricação não saem mais de sua pauta. O seminário, amplamente divulgado pela revista,[10] congregou arquitetos, engenheiros, sociólogos, assistentes sociais, médicos e economistas, além de deputados, líderes sindicais e até um general, com a proposta de "organizar uma ação liderada pelo Estado, que conjugasse a industrialização das construções e o desenvolvimento tecnológico, o planejamento urbano e a legislação de uso do solo e as ações emergenciais sustentáveis".[11] Estava claro, já naquele momento, que soluções tecnológicas não seriam suficientes para equacionar a carência habitacional. Assim, o evento gerou propostas de estímulo às pesquisas de materiais, padronização e normalização, bem como, vindo da frente dos empresários, a reivindicação de continuidade da demanda mediante um plano nacional que garantisse a amortização dos investimentos em máquinas e equipamentos.

O referido Seminário produziu, ainda, as resoluções que embasaram a criação do Serviço Federal de Habitação e Urbanismo (SERFHAU) e do Banco Nacional da Habitação (BNH), em 1964, pela ditadura militar. Não é preciso dizer que a atuação desses órgãos não seguiu o que os participantes do SHRU imaginaram. Porém, é fato que o novo cenário político criou imensas expectativas. Diante da promessa do BNH de estimular e subsidiar a modernização do setor, construtoras e empresas de diversos outros ramos logo se puseram a avaliar sua participação nessa política, a experimentar

10 Cf. [s.n.], S.HRU, Sem. de habitação e reforma urbana, 1963.

11 KOURY, *Arquitetura construtiva*, 2005, p. 6.

novos procedimentos e a "aprimorar processos e materiais, para não perder a competição de saída".[12]

Nesse clima, o IAB retomou, em 1965, a discussão da construção pré-fabricada, promovendo uma mesa redonda com a participação de arquitetos, engenheiros, empresários e representante do SERFHAU. Aos preceitos de racionalização e mecanização das técnicas construtiva se uniram, mais uma vez, as questões de ordem econômica e social. A julgar pela publicação do IAB no mesmo ano,[13] os participantes concluíram que a pré-fabricação pesada só seria viável em grandes centros, pela demanda existente e pela facilidade de transporte. Também parece ter prevalecido o entendimento de que a pré-fabricação é motivada pela elevação do custo da mão de obra, o que, em princípio, a tornaria contraindicada no Brasil (com sua mão de obra supostamente improdutiva). Mas os participantes ponderaram que seria preciso considerar outros aspectos, como tempo e quantidade da produção. Novamente, surgiu o tema do crédito, indispensável para que construtores fossem remunerados no período da construção e moradores pudessem quitar suas dívidas em longo prazo. Finalmente, houve consenso sobre a necessidade de conhecer a demanda e de planejar a partir dela, assim como sobre a necessidade de afinar as soluções às diversidades regionais num país que apresenta "condições propícias a todos os tipos de experimentos, desde a construção artesanal até a mais avançada pré-fabricação".[14]

No ano seguinte, 1966, a *Arquitetura IAB* traz um "apanhado da opinião de diversos arquitetos europeus" sobre os temas da industrialização e da pré-fabricação, extraído da revista da União Internacional dos Arquitetos.[15] O foco

12 [s.n.], Casa de fibrocimento pode ser montada em 10 dias, 1965, p. 39.

13 [s.n.], Pré-fabricação: alguns aspectos em discussão no IAB, 1963. Trata-se do número de outubro (n. 40) da revista *Arquitetura IAB*, inteiramente dedicado à pré-fabricação; vários dos artigos aqui citados provêm dessa publicação.

14 Ibidem, p. 22.

15 [s.n.], Os arquitetos europeus e a industrialização da construção, 1966, p. 25.

das preocupações parecia estar, como convém a um órgão de classe, no papel que os arquitetos teriam nesse contexto. O francês Jean Prouvé afirma que não faria sentido limitar a industrialização (entendida como pré-fabricação mecanizada) por receio de monotonia, porque os produtos mais industrializados seriam também os que mais se renovam. Na opinião do holandês E. F. Groosman, os arquitetos deveriam assumir a responsabilidade por toda a operação de construir, executando seus próprios projetos e dialogando com os fabricantes de elementos construtivos. Também o alemão Walter Henn vê o arquiteto como o coordenador de uma produção fragmentada entre múltiplos agentes; sua formação deveria prepará-lo para lidar com as novas técnicas, caso contrário, "o engenheiro terá tomado a si o encargo da construção que terá industrializado a seu jeito".[16] O francês Jean Balladur combate a noção de que a produção industrializada e mecanizada levaria a edifícios imutáveis e repetitivos. Ele considera que a máquina produz elementos, não a edificação total, tornando possível "uma produção dispersa em várias indústrias, que resulta numa montagem no canteiro a partir de diversos fornecedores".[17] O suíço Hans Schmidt acredita que a carência de mão de obra na construção é antiga e crônica, porque "em todos os países desenvolvidos, o operário dá preferência ao trabalho de fábrica, trabalho limpo, regulamentado, abrigado, de mais em mais automatizado"; dos arquitetos resistentes à pré-fabricação, ele diz que recorrem a critérios estéticos ultrapassados, em vez de criarem novas referências.[18]

Em 1967, acompanhando os preceitos pelos quais o setor da construção começava a se pautar internacionalmente, a *Arquitetura IAB* traduz um artigo em que o arquiteto Fernando Aguirre de Yraola relata o que ouviu acerca

16 Ibidem, p. 28.

17 Ibidem, p. 29.

18 Ibidem, p. 30.

da "normalização modular" no III Congresso do Conselho Internacional da Edificação, em 1966. Ele destaca a adoção do módulo de dez centímetros e identifica duas tendências: "a dos que pretendem modular todos e cada um dos elementos da construção [...] e a dos que se limitam a modular somente as unidades construtivas que se pretende realizar com grandes elementos pré-fabricados".[19] Yraola também define os sistemas aberto e fechado de pré-fabricação e comenta que "o primeiro deveria oferecer maior campo ao grande avanço da industrialização", mas que "o desenvolvimento da produção maciça raramente veio de um sistema aberto".[20]

Importantes referências nacionais no debate são o engenheiro Teodoro Rosso e o arquiteto Paulo Bruna, cujas perspectivas se tornarão mais conhecidas nos anos 1970. Para Rosso, que escreve regularmente sobre esses temas nos periódicos especializados, a pré-fabricação "nada mais é que uma fase ou uma etapa na aplicação de uma metodologia industrial à construção", cujo primeiro objetivo seria "aumentar a relação entre o volume de produção e o número de horas de trabalho que ela exige".[21] A fim de mitigar a carência e a baixa qualidade da habitação, ele propõe iniciativas de industrialização com produção em larga escala. Quanto à mão de obra, Rosso considera que "[a]s tentativas de aplicar a essa classe o taylorismo não foram além de modestos resultados"; a questão não seria "estabelecer em quantas mãos passe o tijolo, desde sua fabricação, até seu assentamento na obra", e sim "como eliminar o tijolo da construção".[22] Ele busca um sistema que transfira às usinas a maior parte do trabalho. Isso permitiria rendimento maior, mão de obra especializada e um produto melhor e

19 YRAOLA, A coordenação modular e a industrialização da construção, 1967, p. 12.

20 Ibidem, p. 14.

21 ROSSO, A pré-fabricação: objetivos e perspectivas, 1965, p. 33.

22 ROSSO, Um imperativo inadiável: a industrialização da construção, 1962, p. 92.

mais econômico. Rosso lista quatro medidas para implementar a construção pré-fabricada: padronização tipológica; padronização dimensional; padronização normativa de produto; padronização normativa de projeto. Essencialmente, os edifícios seriam construídos por montagem de elementos padronizados pré-fabricados. Curiosa é sua constatação dos obstáculos à padronização: "tem uma influência preponderante nos povos latinos um senso excessivamente crítico, pelo qual estamos sempre atribuindo importância, em qualquer coisa, mais aos defeitos do que às qualidades, e o convencimento de que podemos sempre encontrar uma solução melhor da que já conseguimos. [...] sem dúvida, qualidades absolutamente antiorganizativas".[23] Para alcançar os objetivos, ele propõe adesão — material e moral — à Associação Brasileira de Normas Técnicas, bem como a criação de um instituto de apoio à industrialização e de uma associação coordenadora. Suas contribuições incluem, ainda, os fundamentos e as justificativas para o emprego da Coordenação Modular.

O arquiteto Paulo Bruna também argumenta pela industrialização urgente da construção no país. Ele cita a profecia de Walter Gropius, de que logo teríamos "produção em massa, de habitações normalizadas, já não mais construídas no canteiro, mas sim produzidas em fábricas especiais, sob a forma de partes ou unidades componentes prontas para a montagem".[24] À semelhança de Rosso, Bruna preconiza a produção "em série", isto é, aquela em que se fabrica

23 ROSSO, A pré-fabricação: objetivos e perspectivas, 1965, p. 39.

24 BRUNA, Subsídios para uma política de industrialização da construção no Brasil, 1970, p. 32.
Estranho é que justamente Gropius, citado por Bruna, já em 1924, se manifestava contrário à redução da produção a poucos tipos e, em geral, à pré-fabricação de ciclo fechado, advertindo que "a organização deve ter como alvo produzir não casas inteiras, em primeiro lugar, mas componentes padronizados, fabricados em série, de modo, porém, que permita montar diferentes tipos de casas". E mais: "A indesejável violentação das necessidades individuais, por força desta uniformização, deveria ser tão pouca quanto a que se dá por meio da moda" (GROPIUS, A indústria de casas pré-fabricadas, [1924] 1972, p. 193).

repetidamente um número reduzido de tipos, muito bem projetados e estudados, além de coordenados dimensionalmente e disponibilizados mediante catálogos. "Dentro desta perspectiva", diz Bruna, "a construção de Brasília foi uma grande oportunidade perdida".[25] Como muitos que procuraram definir novos papéis para a profissão, ele vê os arquitetos atuando na racionalização de projetos; seu trabalho se daria pelo "aprimoramento de soluções já encontradas", não só pelas novas.[26]

Se, por um lado, Bruna enfoca as oportunidades para o empresariado, por outro, critica os debates acerca de sistemas de pré-fabricação que ignoram as respectivas condições técnicas, legais e econômicas de fundo, e as complexidades do cenário nacional. Ainda assim, Bruna raciocina à maneira de um empresário ou de um economista pouco crítico do capitalismo: o fato de o perfil socioeconômico da população brasileira não configurar uma demanda solvável inviabilizaria a pré-fabricação industrial de casas; consequentemente, seria necessário aumentar a renda das massas; isso, por sua vez, pressuporia "aumento da produtividade *per capita*, que, no contexto da construção civil, só pode vir de uma intensa racionalização e mecanização dos processos construtivos".[27] A saída seria distinguir entre ações de curto e de longo prazo. No curto prazo, caberia uma industrialização que estimulasse "pequenas indústrias de transformação dos produtos locais" e que recrutasse a "reserva de mão de obra marginal", mas "as possibilidades de investimentos em sistemas de produção onde o fator trabalho é mais importante que o fator capital são evidentemente limitadas".[28]

25 BRUNA, Subsídios para uma política de industrialização da construção no Brasil, 1970, p. 34.

26 Ibidem, p. 36.

27 BRUNA, *Arquitetura, industrialização e desenvolvimento*, 1976, p. 110.

28 BRUNA, Subsídios para uma política de industrialização da construção no Brasil II, 1971, p. 30.

Os termos de todas essas e várias outras publicações da época não apenas evidenciam as questões em torno das quais girava o ideário da pré-fabricação, como também reforçam a percepção de que, ao menos nos campos da arquitetura e da engenharia, os operários da construção civil e os potenciais futuros moradores — que eventualmente seriam as mesmas pessoas — nunca participaram do debate.

Pequenos anúncios, pequenos negócios

Em 1950, a população brasileira urbana somava em torno de dezenove milhões de pessoas. Dez anos depois, trinta e dois milhões de brasileiras e brasileiros viviam nas cidades. Nesse contexto de crescimento urbano, pode-se começar a rastrear as iniciativas para resolver o cada vez mais premente 'problema da casa' mediante a pré-fabricação. Porém, curiosamente, os primeiros exemplos de produção pré-fabricada a mencionar não são de casas urbanas, e sim de casas de veraneio. Sua comercialização está registrada em anúncios dirigidos a um público de classe média, que almeja uma segunda moradia na praia ou no campo. São anúncios simples e diretos, semelhantes aos que, à época, anunciavam eletrodomésticos e outros bens de consumo mais ou menos duráveis. Enfatizam sempre a suposta qualidade, o prazo de construção e alguma facilidade de pagamento, pois não havia financiamentos privados ou públicos para esse tipo de aquisição.

O fato de esses anúncios focarem em moradias para veraneio sugere que as casas pré-fabricadas não teriam boa aceitação como moradias urbanas permanentes. Mas os processos construtivos de montagem a seco também indicam maior facilidade na sua instalação em locais de pouco acesso a materiais e mão de obra. E, dada a diversidade de negócios, pode-se supor que o setor teve razoável

15-6-1958 A CRUZ Página 7

Um Depoimento do Padre Arlindo Vieira S. J.

CHURRASCARIA Camponeza

A CASA PREFERIDA DAS FAMÍLIAS

"A CRUZ"

EXPEDIENTE:
Fundador:
D. ANDRÉ ARCOVERDE
Diretor Responsável:
Pe. José Maria Cabral
Gerente:
Antônio G. de Holanda

Número avulso . . . . Cr$ 1,00
Assinatura . . . . . . Cr$ 100,00

Rádio-Técnico Diplomado

(Congregado Mariano)
CONSERTA, MONTA E REFORMA RADIOS
ATENDE A DOMICILIO
Chamar RAIMUNDO NEVES
pelo telefone:
26-0339

Aviso

Serão encerradas amanhã as inscrição para as seguintes excursões:

1) LOURDES (8 países da Europa)
Embarque: 25 de junho no CHARLES TELLIER
Acompanhada pelo Revmo. Pe. Pancrario Dutra, S.J., da Confederação Mariana.

2) LOURDES (8 países da Europa)
Embarque: 27 de junho pela PANAIR DO BRASIL
Acompanhada pelo Revmo. Pe. William Godding, S.J., do Colégio Santo Inácio.

3) ARGENTINA (Férias em B. Aires e Bariloche)
Embarque: 7 de julho pela PANAIR DO BRASIL
Patrocinada pela Confederação dos Diretórios e Centros Acadêmicos das Faculdades e Escolas Superiores Católicas do Brasil.

Agência de Viagens
CAMILLO KAHN

Informações na
RIO BRANCO, 120 — SOBRELOJA
(Ed. Ass. Empr. no Comércio) — Tel.: 32-8059

Campo ou Praia

Eis a solução mais fácil para o problema da casa própria. Adquira agora a sua casa, o seu lar, com as facilidades oferecidas com uma CASA PRÉ-FABRICADA.

• Mais baratas • Mais confortaveis • Melhor acabamento

Lar dôce Lar
"Casas Pré Fabricadas"
FABRICA: BONSUCESSO – RIO
FACILIDADES DE PAGAMENTO

Anúncio de casas pré-fabricadas publicado no jornal *A Cruz*, Rio de Janeiro, 15 de junho de 1958, p. 4.

sucesso. Uma empresa carioca de pré-fabricação de casas em madeira, por exemplo, anuncia, em 1963, seu interesse em estabelecer mais de sessenta representações em diversas cidades do Sudeste.[29]

Os projetos dessas casas — sempre anônimos — compõem um leque muito limitado de modelos (embora as empresas não se esquivassem de adaptar quaisquer projetos à sua técnica construtiva). Não havia nenhuma lógica de combinação variada dos componentes para ampliar as escolhas. O pragmatismo comercial e a pouca capacidade de produção não favoreciam sistemas abertos. Tampouco há referência à autoria dos métodos construtivos, provavelmente desenvolvidos pelos próprios fabricantes. As casas são diversas quanto aos componentes empregados, mas sempre simples na composição: ora montadas por sobreposição de painéis intercalados por montantes, ora esqueletos estruturais em madeira ou aço, fechados por réguas ou tábuas de madeira, placas longitudinais de concreto armado, blocos de cimento celular etc.

Com prazos de entrega de poucos meses, o mais comum era que a própria empresa assumisse tanto as atividades de fabricação quanto as de comercialização, preparação do terreno (fundação), montagem e acabamento. O perfil de seus fabricantes era, provavelmente, o do pequeno e médio empreendedor que aproveitava a multiplicação das "oportunidades de investimento à disposição do empresariado nacional".[30] Não se explorava a cultura DIY, faça você mesmo, comum em análogos estadunidenses. Quem, então, construía essas casas? Tudo indica que eram pessoas treinadas nos ofícios tradicionais, como pedreiros e carpinteiros, e não um novo segmento de trabalhadores da pré-fabricação. Os protagonistas eram os mesmos da urbanização e da

29 Anúncio publicado no *Correio da Manhã*, Rio de Janeiro, 10/10/1963, caderno 1, p. 3.

30 MELLO & NOVAIS, Capitalismo tardio e sociabilidade moderna, 1998, p. 590.

industrialização dos anos 1950: "o imigrante estrangeiro, o migrante rural e o negro urbano e seus descendentes",[31] ou seja, os mesmos grupos comuns na construção civil brasileira até hoje.

Indícios de ampliação da escala

Um primeiro exemplo de construção habitacional pré-fabricada feita no Brasil e que aparece numa revista especializada de arquitetura do período em questão é o dos alojamentos do Centro Industrial de Jaguaré, um entreposto do Instituto Nacional do Pinho (INP),[32] cuja obra havia sido executada pela empresa paulistana Ferreira, Fanuele & Barreto. Além de uma edificação para abrigar sessenta operários solteiros, os alojamentos incluíam trinta casas para funcionários do INP e suas famílias. Essas casas eram ora geminadas com dois e três quartos, ora isoladas com quatro quartos, mas sempre "com sala, terraço, banho e cozinha, providas de água quente e fria".[33] A pré-fabricação não é comentada na reportagem, mas o material é destacado em letras garrafais na legenda de uma das fotografias: "Casa construída inteiramente com 'MADEIRIT' (madeira compensada à prova d'água). Cobertura com 'MADEIRIT-ALUMÍNIO' (compensado revestido de alumínio)".[34] A imagem assim legendada dá a impressão de que se trata de uma construção provisória,

31 Ibidem, p. 582.

32 O INP é um órgão federal criado em 1941 e extinto em 1967 que atuou nos estados do Sul para fiscalizar a atividade madeireira. Ele faz parte da história de exploração da araucária nesses estados, iniciada já no período colonial. Ainda na década de 1920, a madeira era, literalmente, escoada para o mercado externo: balsas a transportavam pelo Rio Uruguai até os países platinos, sobretudo a Argentina. Nos anos 1940, a indústria de compensados já estava bem instalada e continuava explorando as florestas naturais de araucária (cf. RADIN & SALINI, O Instituto Nacional do Pinho e a indústria madeireira no oeste catarinense, 2015).

33 [s.n.], Instituto Nacional do Pinho: Centro Industrial Jaguaré, 1950, p. 225.

34 Ibidem, p. 226.

um barracão de obras apenas um pouco mais bem equipado do que de costume. Note-se, no entanto, que o período em que a Ferreira, Fanuele & Barreto construía o Centro Industrial de Jaguaré, um dos engenheiros-arquitetos que empregava era Walter Saraiva Kneese, primo mais jovem de Eduardo Kneese de Mello e um dos fundadores da revista na qual a referida reportagem foi publicada, a *Acrópole*.[35] Portanto, é plausível que houvesse outras empresas utilizando processos semelhantes, sobretudo em instalações temporárias, sem que fossem notadas por algum editor.

Mais significativa nos anos 1950 foi a pré-fabricação realizada pela UNI-SECO do Brasil, entre 1953 e 1955, a partir de uma patente inglesa, transferida num "contexto de grande euforia econômica, de modernização da construção, e otimismo com os recursos e as possibilidades da recente industrialização nacional".[36] À frente da iniciativa estava um grupo de empresários brasileiros e ingleses, e, com participação acionária minoritária, justamente o arquiteto Eduardo Kneese de Mello. Em 1951, ele visita a matriz inglesa. Essa última, inicialmente constituída para prover abrigos emergenciais no pós-guerra, àquela altura realizava projetos, pesquisa e desenvolvimento, e contava com arquitetos, químicos, engenheiros, equipe de montadores e supervisores treinados, além de vinte e seis franquias de fabricação espalhadas pelo país e mais de duzentas parceiras habilitadas para a montagem do sistema.[37]

A empresa constituída no Brasil foi bem mais modesta. Instalada num único galpão na cidade de São Paulo, sua produção se resumia a um painel de chapas de fibrocimento amianto e argamassa de resíduos de marcenaria. Consta que as empresas Brasilit e Eternit lhe forneceram as chapas em medidas condizentes com o sistema da UNI-SECO.

35 Cf. OLLERTZ, Morte e vida de uma revista de arquitetura, 2007.

36 CAMARGO & MONTENEGRO FILHO, UNI-SECO do Brasil, 2021, p. 5.

37 FRANCIS, The history of UNI-SECO structures, 2016, [s.p.].

Galpão da UNI-SECO e casas populares produzidas pela empresa, ca. 1954. (Acervo de Roberto Montenegro Filho.)

A pré-fabricação era antes artesanal do que 'moderna': pregava-se uma moldura de sarrafos sobre uma primeira chapa, apoiada em cavaletes; betoneiras misturavam a argamassa, aplicada manualmente por trabalhadoras mulheres; pregava-se a segunda chapa; e duas pessoas levantavam o painel e o acomodavam verticalmente para a cura.[38] Também fundações e lajes de piso das casas da UNI-SECO eram convencionais, de concreto. Uma reentrância na moldura dos painéis servia para encaixá-los em ripas afixadas ao piso e para uni-los aos montantes. A cobertura quase horizontal, de painéis apoiados sobre uma grelha de madeira e recobertos por uma manta, parece ter sido a parte mais problemática e que consumia a maior parte do tempo de montagem, de cerca de um mês.[39]

A UNI-SECO atuou por pouco tempo, apenas de 1953 a 1955. Inicialmente, produziu a sede de um clube de golfe e uma lanchonete no Parque do Ibirapuera — ambos doados para fins de divulgação —, e, depois, uma dezena de casas particulares e cerca de sessenta e cinco casas populares para o Instituto da Previdência do Estado de São Paulo. Mas o preço dos materiais era relativamente alto, e houve dificuldades com a produção dos painéis. Muitos apresentavam trincas, o que exigiu adaptações e substituições em obras. Além disso, o próprio Kneese de Mello indica que aquele nicho de mercado da "casa de fim de semana, para praia ou campo, que parecia de grande interesse para a venda" não pôde ser explorado: "[a casa] tornava-se muito cara, pelo transporte do material e da mão de obra".[40] Imagino que Kneese de Mello não se refira aí ao preço do transporte da mão de obra, e sim à sua remuneração, assim como, implicitamente, ao seu grau de submissão e obediência. Embora a

38 Segundo Eduardo Augusto Quintanilha de Mello, filho de Kneese de Mello, entrevistado por Roberto Alves de Lima Montenegro Filho em 2005 (cf. CAMARGO & MONTENEGRO FILHO, UNI-SECO do Brasil, 2021).

39 CAMARGO & MONTENEGRO FILHO, UNI-SECO do Brasil, 2021, p. 8.

40 KNEESE DE MELLO, *Brasília, histórias e estórias*, 1992, pp. 39, 42.

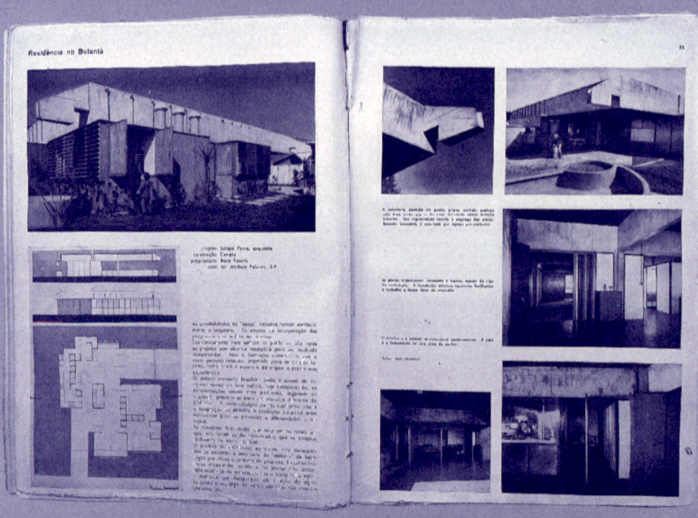
Residência no Butantã

"Residência no Butantã", mais conhecida como Casa Boris Fausto, projetada por Sérgio Ferro, publicada na revista *Acrópole*, v. 27, n. 319, 1965, pp. 34–35.

empresa tenha até empregado mulheres, que talvez fossem mais 'dóceis' nesse sentido do que os oficiais da construção convencional, no fim, o método não foi tão lucrativo como os sócios haviam imaginado, e a empresa fechou as portas.

Experimentos na contramão

Diferente dessa emulação de sistemas pré-fabricados estrangeiros — e da tentativa de 'otimizar' a extração de valor da força de trabalho — foi a direção tomada por Sérgio Ferro. Em 1961, aos vinte e três anos de idade e ainda estudante de arquitetura, ele se engaja ativamente por mudanças nas relações de produção no canteiro de obras. No intuito de melhorar as condições de trabalho e ampliar a autonomia dos trabalhadores da construção, Ferro experimenta e compara dois processos construtivos que, *grosso modo*, correspondem à distinção entre manufatura orgânica e manufatura heterogênea.[41] "A racionalização de técnicas populares e a adaptação do desenho à produção industrial eram necessárias para as prováveis e diferenciadas solicitações".[42] A casa do historiador Boris Fausto fez as vezes do laboratório de manufatura heterogênea, utilizando produtos prontos, recentemente introduzidos no mercado.[43] Na prática, a casa se tornou um híbrido de pré-fabricação e execução no canteiro. À estrutura de concreto armado fundido in loco se unem elementos como divisórias de placas de cimento-amianto, painéis fixos e pivotantes de madeira, venezianas com paletas móveis de aço, tubos e até bacias plásticas de cozinha usados em funções imprevistas. O

41 [NE] Cf. acima, p. 17, nota 12.

42 FERRO, Residência no Butantã, 1965, p. 34.

43 Já o projeto e a construção da casa de Bernardo Issler, com a maior parte dos materiais processados no próprio canteiro, constituiriam um laboratório de manufatura orgânica: uma abóbada de tijolos que é, ao mesmo tempo, teto, parede e abrigo para a equipe conduzir seu trabalho colaborativamente.

processo foi conturbado, mas não em razão da mão de obra, perfeitamente capaz de lidar com os novos componentes, e sim pela má qualidade dos produtos: as placas não isolavam, o mastique desaparecia sob a ação da água, a prometida 'racionalização' obrigava a inúmeros improvisos. Rodrigo Lefèvre, amigo e companheiro de trabalho de Sérgio Ferro, e igualmente crítico do projeto desenvolvimentista, comentou que "todos os arquitetos estavam produzindo experiências de laboratório tendo em vista uma industrialização que não aconteceu".[44] Ferro e Lefèvre não se tornaram opositores da pré-fabricação *tout court*. A experiência da casa de Boris Fausto apenas mostrou que, naquele momento, os processos ditos artesanais seriam mais propícios a transformar as relações de produção do que o tão celebrado desenvolvimento das forças produtivas, que, no setor da construção, era automaticamente identificado à pré-fabricação, à mecanização e à produção em grande escala.

Outra experiência desse período que se deu na contramão do ideário desenvolvimentista foi o empreendimento de Cajueiro Seco, em Jaboatão dos Guararapes, no estado de Pernambuco. Coordenado pelo arquiteto Acácio Gil Borsoi, o projeto foi concebido entre 1963 e 1964, durante o governo de Miguel Arraes, do Partido Social Trabalhista (PST). Desde a década de 1930, Recife promovia uma 'cruzada' para extinguir os chamados mocambos, isto é, construções com terra, feitas sobretudo pela população migrada do campo e em áreas relativamente valiosas.[45] Em 1939, havia sido criada a Liga Social Contra o Mocambo, substituída, em 1945, pelo Serviço Social Contra o Mocambo (SSCM), ambos com a missão de acabar com as moradias ditas precárias. Previam-se a desapropriação e a compra de terrenos nos subúrbios recifenses para reassentar a população, criando novos bairros com casas de alvenaria e os devidos

44 MAIA, Rodrigo Lefèvre. Entrevista, [1974] 2000, [s.p.].

45 Cf. [ESTELITA], Cruzada social contra o mocambo no Recife, 1941.

equipamentos públicos. Borsoi era diretor de projetos do SSCM à época.

A proposta de Cajueiro Seco, onde seriam reassentadas centenas de famílias provenientes de uma 'invasão' em Jaboatão dos Guararapes, acompanhou uma tradição de defensores das construções rurais tradicionais como moradias econômicas e ecologicamente adequadas. Borsoi, no entanto, propôs avançar: "Durante o contato direto com os grupos que construíram suas casas, segundo o processo de autoajuda, nos lotes do conjunto de Cajueiro Seco, surgiu a ideia de racionalizar o uso da taipa e mesmo pré-fabricá-la".[46] Ele observou os procedimentos tradicionais e racionalizou as operações e o uso dos materiais. Assim, o processo separa a fabricação de componentes da montagem no local e consegue duplicar o rendimento da madeira utilizada. "A fabricação [é] representada por uma linha industrial, na qual a madeira seria desfiada em dimensões certas, montadas em mesas gabaritadas, fixas entre si nos entreliçados, por meio de grampeadores, tratada e imunizada".[47] Já a montagem é feita por cada família, de acordo com um projeto que ela própria elabora a partir de um repertório de quatro tipos de painéis, um tipo de porta e dois tipos de janela (todos de 65cm de largura e alturas variadas): "Por meio de uma folha de papel quadriculado no módulo dos painéis, qualquer um poderia estudar sua casa (planta e elevações), adquirir os painéis e demais peças".[48] As ligações dessa estrutura, depois preenchida com barro, eram feitas com cordel, arame ou prego. A cobertura era de rolos também pré-fabricados de palha, sapé ou capim, costurados com fio de náilon, imunizados e tratados com um hidrorrepelente. Componentes

46 Borsoi, Pré-fabricação em taipa, 1965, p. 6. Note-se que a publicação do artigo é posterior a 1964, quando a experiência de Cajueiro Seco foi interrompida pela ditadura militar. Não fica claro se Borsoi redigiu o texto antes ou depois dessa interrupção.

47 Ibidem, p. 8.

48 Ibidem, p. 8.

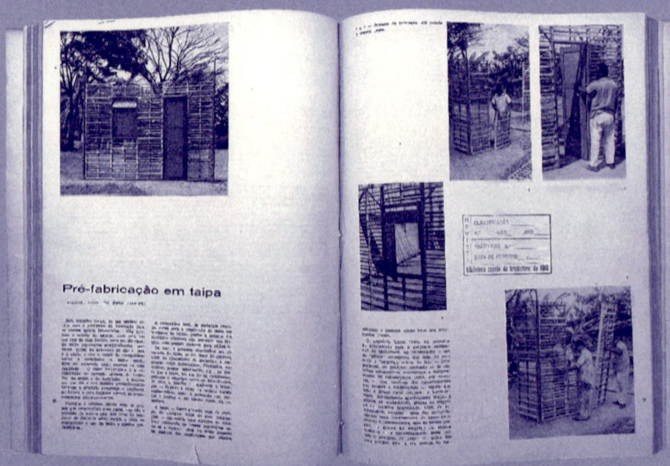

Pré-fabricação em taipa

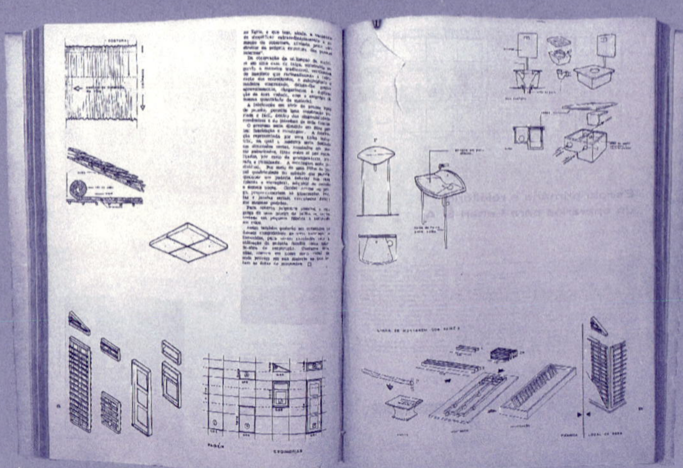

"Pré-fabricação em taipa" no empreendimento de Cajueiro Seco, concebido por Acácio Gil Borsoi, publicado na revista *Arquitetura IAB*, n. 40, 1965, pp. 6–9.

hidráulicos e elétricos seriam fornecidos em kits pré-fabricados, visando à simplicidade de execução e à redução de custos.

O experimento se tornou uma referência. À diferença da fé no desenvolvimento das forças produtivas e na correspondência entre avanço tecnológico e social, Cajueiro Seco fez do 'atraso', unido à pré-fabricação, uma maneira de escapar tanto das relações capitalistas de produção no canteiro quanto daquela racionalização que aumenta os lucros em vez de facilitar a vida. Nesse sentido, Cajueiro Seco se insere numa disputa mais ampla sobre o projeto de nação a ser perseguido no início da década de 1960. Porém, como tantas outras iniciativas na contramão do desenvolvimentismo, o projeto foi interrompido pelo golpe militar, que prendeu Miguel Arraes e, por algum tempo, também Borsoi.

Dois protótipos

Carlos Barjas Millan pode ser considerado um arquiteto que oscilou entre adesão e crítica ao projeto desenvolvimentista, entre a "estandardização habitacional [...] a partir de componentes industrializados" e a reflexão "sobre as contradições da sociedade industrial".[49] Assim, em 1960, ele projeta "um protótipo de habitação industrializável",[50] por encomenda da multinacional Eternit. Construído num lote de mil metros quadrados em Osasco, o protótipo se assemelha à Casa Boris Fausto pelo fato de combinar elementos pré-fabricados com uma estrutura de concreto armado executada à maneira convencional: são duas fileiras de seis pilares redondos em cada uma, interligados por duas vigas longitudinais e seis vigas transversais. Essa estrutura independente possibilita balanços da cobertura nas duas faces

49 KOURY & ANELLI, O uso de madeira em duas casas de Carlos Millan, 2016, p. 6.

50 [s.n.], Residência Eternit, 1966, p. 22.

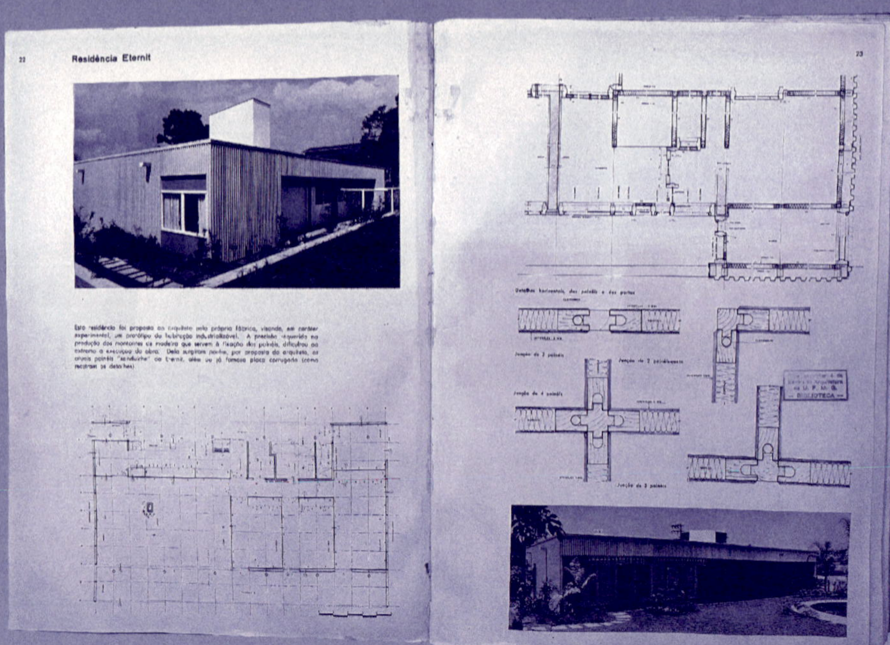

"Residência Eternit", projetada por Carlos Barjas Millan, publicada na revista *Acrópole*, v. 26, n. 332, 1966, pp. 22–23.

maiores, formando generosas varandas. Os produtos da Eternit entram nos fechamentos (exceto pelas áreas molhadas, cujas paredes são de blocos de concreto). As chamadas placas Interflex, de superfície lisa, compõem painéis duplos preenchidos com cortiça. Esses painéis são unidos por montantes de madeira (cuja produção e cuja montagem parecem ter gerado alguns problemas de execução) e, nas paredes externas, protegidos adicionalmente por chapas corrugadas, que também proporcionam um colchão de ar. A cobertura consiste num forro interno de placas lisas e num telhado de fibrocimento, ambos sustentados pelo vigamento de concreto. Não está inteiramente claro se a Eternit encomendou o projeto na intenção de produzir e comercializar uma linha completa de casas pré-fabricadas ou se apenas quis estimular o uso de seus produtos por meio de aplicações exemplares. Fato é que o empresariado do setor industrial percebeu que poderia ampliar sua fatia no mercado da construção inserindo-se diretamente na produção de casas e na respectiva tecnologia. Embora o projeto de Millan não tenha sido executado novamente, os "painéis duplos tipo sanduíche que foram testados neste protótipo, entrariam, posteriormente, no catálogo da empresa".[51]

Na mesma época em que Millan projetava para a Eternit, Oscar Niemeyer e João Filgueiras Lima (Lelé) integravam a equipe de projetistas do Centro de Planejamento da Universidade de Brasília (CEPLAN), que tinha a incumbência de elaborar "os projetos de todos os edifícios da Universidade dentro das normas urbanísticas do plano de Lúcio Costa".[52] Predominava no CEPLAN o entendimento de que industrialização e pré-fabricação seriam o caminho para o desenvolvimento da construção civil nacional.[53]

51 KOURY, Casas para o Brasil industrial, 2014, p. 6.

52 NIEMEYER, CEPLAN: Centro de Planejamento Universidade de Brasília, 1963, p. 26.

53 Cf. ALBERTO, A pré-fabricação e outros temas projetuais para *campi* universitários na década de 60: o caso da UnB, 2009.

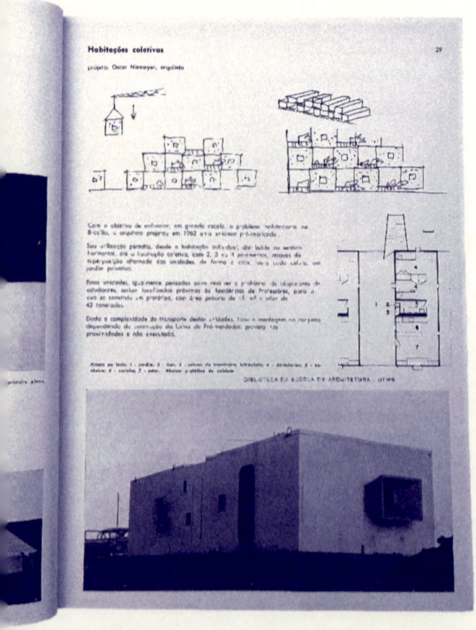

"Habitações coletivas", projetadas por Oscar Niemeyer, publicadas na revista *Acrópole*, v. 31, n. 369, 1970, p. 29.

Lelé havia visitado a Alemanha Oriental e a Polônia para conhecer as estruturas pré-fabricadas de concreto empregadas na construção habitacional, o que influenciou as obras em Brasília (os prédios de Serviços Gerais, de residências de professores e do Instituto Central de Ciências). Nesse contexto, em 1962, Niemeyer projetou uma casa pré-fabricada para alojar estudantes: um prisma em concreto armado, de 10,8m x 4,3m, com sala e cozinha conjugadas, banheiro e dois quartos, do qual foi produzido um único protótipo. A expectativa era de produção em escala, numa usina concebida por Lelé e que seria instalada nas proximidades da área residencial do campus, facilitando o transporte das unidades e, eventualmente, o seu empilhamento em até quatro andares (embora o peso de 42 toneladas não facilitasse essa operação).[54] Porém, a usina de Lelé ficou no papel e a proposta não teve desdobramentos. Uma produção em escala teria demandado revisões substanciais para melhor solucionar a conexão entre as unidades e o repertório de componentes construtivos. As explorações com pré-fabricação na UnB daquele período tiveram um viés mais pedagógico do que comercial, resultado de um projeto político de educação. Havia a pretensão de criar alternativas tecnológicas para a construção passíveis de aplicação

54 Cf. VASCONCELLOS, A pré-moldagem brasileira e o lado B das obras de Oscar Niemeyer em Brasília, 2019.

ampla e independentes de uma ou outra empresa. Também essas experimentações seriam logo interditadas pela ditadura militar.

Um sistema

Sistemas construtivos de pré-fabricação são grupos de componentes industrialmente produzidos que possibilitam combinações diversas, à diferença da pré-fabricação concebida a partir de um ou alguns poucos modelos. Essa foi a premissa adotada pelo arquiteto Sergio Rodrigues na elaboração do sistema denominado SR2, feito pela sua empresa, a OCA, mais conhecida pela produção de móveis. Em 1960, a OCA montou uma casa com esse sistema para exibição no terreno do Museu de Arte Moderna do Rio de Janeiro. A julgar pela sua detalhada descrição na revista *Módulo*, a montagem levou apenas vinte dias. Basicamente, era uma estrutura de madeira independente, com esteios de peroba, de bitola comercial e com cinco metros de altura. O piso da casa, de barrotes e tábuas de peroba, estava a dois metros do solo, criando uma área livre que poderia ser usada como garagem ou para outros fins. Vedações e divisórias foram feitas de placas de compensado, afixadas à estrutura com parafusos e porcas — não por encaixes ou pregos — o que lhes conferiria certa flexibilidade. Eventualmente, seriam complementadas por placas de fibrocimento ou duplicadas, para melhor isolamento térmico e acústico. Além das janelas convencionais, que poderiam ser dispostas em quaisquer paredes, uma abertura de iluminação entre o topo das paredes e a cobertura corria em todo o perímetro. A cobertura, de "placas de 1m^2 de feltro asfáltico 'ondalit' revestido

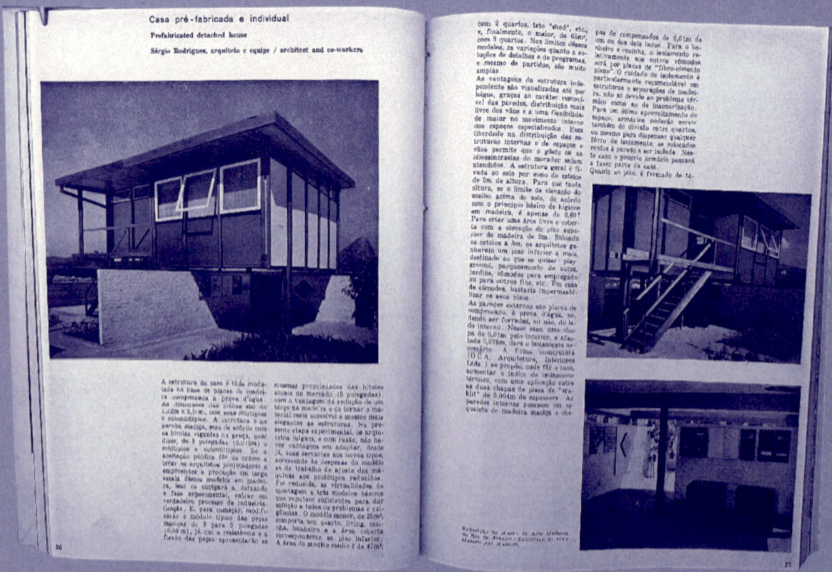

Casa pré-fabricada e individual

Prefabricated detached house

Sérgio Rodrigues, arquiteto e equipe / architect and co-workers

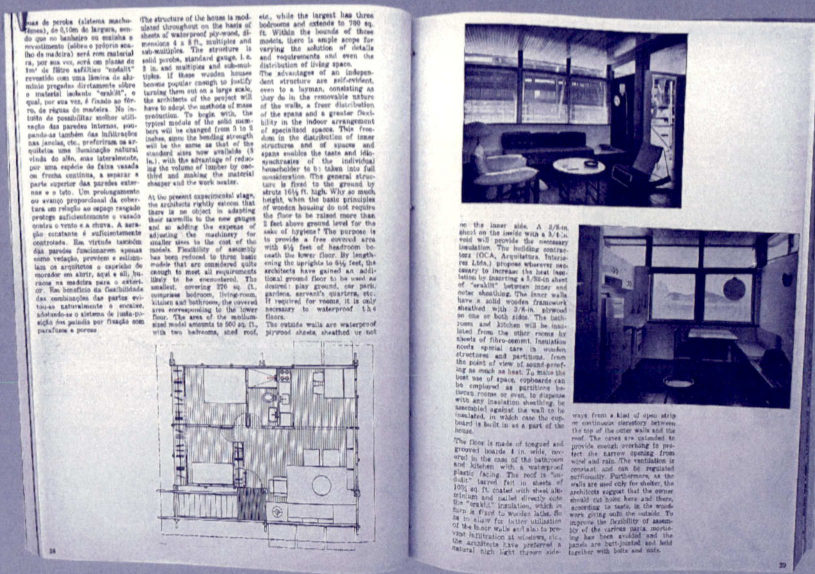

"Casa pré-fabricada e individual", projetada por Sergio Rodrigues e equipe, publicada na revista *Módulo*, v. 5, n. 23, 1961, pp. 26–29.

com uma lâmina de alumínio pregadas diretamente sobre o material isolante 'eraklit'",[55] formava um generoso beiral.

No texto do catálogo da exposição, Mário Pedrosa situa o sistema em contraponto ao discurso artístico que fundamenta a arquitetura reservada às elites e procura combater os preconceitos contra a pré-fabricação.[56] A *Arquitetura IAB* cita um depoimento de Pedrosa a respeito: "a casa proposta pela OCA não surge de um projeto a priori, ou muito menos de um exercício de composição, mas de normas industriais prevalecentes nas fábricas, de normas e módulos de materiais em circulação no mercado".[57] Por outro lado, Pedrosa não se ilude quanto ao alcance do sistema, que ele entende como uma solução ainda restrita a um público de classe média. Já Lúcio Costa, depois de visitar a exposição, recomendou que os "pavilhões de morar" da OCA fossem aprovados como alternativa de residências para os futuros moradores de Brasília, ainda que de caráter temporário.[58]

Entre 1960 e 1965, a OCA se dedicou ao aprimoramento do sistema, com vistas à sua industrialização e ao atendimento em todo o território nacional. Além disso, o sistema ensejou uma nova categoria de trabalhadores: os montadores. Foi necessário formar essa mão de obra especializada e reestruturar todo um processo de trabalho, o que envolvia "seleção, treinamento, estímulos, inspeção de qualidade, estabilidade funcional, eliminação de vícios profissionais".[59] Assim, a empresa chegou a montar cerca de duzentas construções, entre diversas casas, a sede do Country Club de Goiânia, a sede do Iate Clube de Brasília e edificações

55 [s.n.], Casa pré-fabricada e individual, 1961, p. 28. Trata-se de uma matéria da revista *Módulo* que parafraseia grande parte do texto do catálogo da exposição, de autoria de Mario Pedrosa.,

56 PEDROSA, Sergio Rodrigues: casa pré-fabricada e individual, [1960] 2015.

57 [s.n.], Voltam (industrializadas) as casas pré-fabricadas da OCA, 1965, p. 42.

58 OSHIRO & MARI, Sergio Rodrigues no canteiro experimental da Universidade de Brasília, 2023, p. 21.

59 [s.n.], Voltam (industrializadas) as casas pré-fabricadas da OCA, 1965, p. 42.

provisórias da UnB,[60] e houve até interesse de compradores dos EUA, da Suíça, da Espanha, da Itália e de Gana.

Nos anos 1960, muitos agentes do setor da construção, no Brasil e em todo o mundo, conceberam sistemas de pré-fabricados, isto é, famílias de componentes que configurariam uma variedade potencialmente infinita de edificações, tal como preconizado por Gropius na década de 1920.[61] No entanto, como observa Magaly Pulhez, "a indústria de componentes não cresceu na escala imaginada [...] e não rendeu os progressos almejados".[62] Rodrigues e sua equipe também vinculavam o sistema SR2 às condições industriais, almejando uma produção em massa, à parte do manejo artesanal. Todavia, buscaram alternativas pragmáticas ao sempre lamentado 'atraso' ou despreparo do setor produtivo. Seu relativo sucesso comercial e técnico talvez se explique sobretudo pela experiência com a produção de mobiliário: em vez de raciocinar a partir da construção (convencional), estenderam a precisão, a organização e o controle de qualidade da fabricação de móveis à de edificações.

Das empresas depois de 1964

Em 21 de agosto de 1964, poucos meses depois do golpe, o governo militar cria o Banco Nacional da Habitação e o Sistema Financeiro da Habitação. Ao mesmo tempo que o regime põe fim a experiências alternativas, ele promete fomentar o setor capitalista da construção e, em especial, as indústrias de materiais e componentes. Surge

60 Rodrigues foi a Brasília também graças ao interesse do então Ministro da Educação, Darcy Ribeiro, pelo mobiliário da OCA, mas de fato encontrou ali um ambiente em que a pré-fabricação estava em pauta. Como já mencionado, Lelé e Niemeyer compunham a equipe da UnB que assessorava o ministro.

61 Veja-se, por exemplo, o sistema construtivo projetado pelo arquiteto José T. R. de Araújo, por encomenda de uma empresa de laminação de madeira, de Curitiba: ARAUJO, Projeto de um sistema de montagem de casa, 1963.

62 PULHEZ, Tipo, indústria e produção habitacional, 2012, p. 65.

Técnicas e Materiais

CASA DE
BROCIMENTO
pode ser montada
em 10 dias

Depois de erguida a estrutura são montados os painéis, janelas e portas

Montados os painéis a casa necessita apenas de um acabamento sumário

A casa-pilôto da ECEL foi projetada pelo arquiteto Esteban Haasz, que concebeu uma estrutura de montantes metálicos, preenchida por painéis encaixados e parafusados.

Montantes metálicos

Uma das características fundamentais do projeto é o fato de serem invisíveis os montantes na parte interna da casa, cujas paredes apresentam superfícies lisas, com as juntas vedadas com material selante.

Os montantes metálicos são constituídos por vários perfis básicos de chapa de aço n.º 12, ligados por soldagem elétrica em peças completas, apropriadas para os diversos fins a que se destinam: montantes intermediários, cantoneiras etc. O maior montante previsto no projeto pesa apenas 5 kg por metro linear.

Depois dessa operação inicial erigidos os montantes, as partes inferior e superior das peças são amarradas com perfis adequados, garantindo

39

"Casa de fibrocimento", projetada por Esteban Haasz, publicada na revista *O Dirigente Construtor*, n. 7, 1965, pp. 39, 44.

imediatamente uma série de propostas para resolver o problema da habitação pela mera eficiência técnica, assegurando produção mecânica em massa e montagem em poucos dias, e ignorando quaisquer questões urbanas, fundiárias, regionais ou trabalhistas. Até empresas estrangeiras tentam emplacar seus pré-fabricados no promissor mercado brasileiro de obras públicas habitacionais.[63]

Nesse contexto, a ECEL Engenharia e Construções, por exemplo, ergue em dez dias um piloto de casa pré-fabricada que ainda não poderia "competir em custo com a construção tradicional", mas estava à espera da "prova da produção em massa que o plano habitacional pretende estimular".[64] O arquiteto responsável pelo projeto, Esteban Haasz, afirma ter optado por montantes de perfis de aço e painéis de chapas de fibrocimento com recheio de lã de rocha, e não pelos muito mais pesados pré-fabricados de concreto, em razão das "grandes distâncias a serem vencidas em nosso país".[65] Basicamente, a proposta é de um esqueleto metálico soldado e fixado a uma fundação de blocos de concreto com cinta fundida no local. Os painéis chegariam à obra já prontos, com esquadrias e pintura, e seriam encaixados e parafusados nos montantes de tal maneira que esses não ficariam visíveis nas paredes internas. A empresa queria oferecer a casa nas opções "popular",

63 Por exemplo, a empresa holandesa Lely; cf. [s.n.], Casa mínima sai pronta da fábrica, 1965.

64 [s.n.], Casa de fibrocimento pode ser montada em 10 dias, p. 39.

65 Ibidem, p. 40.

Sistema de pré-fabricação leve de canteiro

Arquiteto Jaime Herdoiza Cobo
Engenheiro Aldo Coti-Zelati

O problema habitacional, existente na quase totalidade dos países, toma proporções drásticas no Brasil, face as nossas condições precárias de desenvolvimento e a explosão demográfica. Uma série de iniciativas de ordem econômica, social e técnica em busca de soluções vem sendo tomada.

Examinando o problema do ponto de vista técnico percebe-se que, na maioria dos casos, os materiais e os processos de construção não acompanharam as conquistas conseguidas em outros domínios da tecnologia nos últimos anos.

Algumas nações de economia forte e alto grau de industrialização, com facilidades em meios de comunicação e transporte, e em alguns casos reduzidas dimensões territoriais, utilizaram na solução do problema a pré-fabricação pesada. Neste sistema totalmente industrializado os elementos construtivos — pilares de concreto, paredes já revestidas e com esquadrias, unidades sanitárias prontas, escadas, etc. — são produzidos em usinas e depois montados no local da obra.

Os elementos são transportados da usina para os locais de aplicação em transportes especiais e montados por meio de gruas e guinchos com operários especializados.

Devido às características naturais do nosso país — as enormes distâncias que separam uma cidade da outra, os materiais, meios e mão-de-obra à disposição, e considerando que esta última ainda é relativamente barata — é evidente que o tipo de pré-fabricação que poderá concorrer para a solução do problema habitacional será a do tipo leve e de canteiro, ou em outras palavras: racionalização da construção, produção de elementos pré-moldados de pequeno porte diretamente no local da obra, utilizando materiais e mão-de-obra locais, eliminando o transporte, os equipamentos especiais de levantamento e procurando trazer benefícios de ordem econômico-social para a região.

Seguindo êste princípio, a Vibro-Beton, cujas experiências têm se voltado para a pré-fabricação e racionalização da construção, desenvolveu um sistema que, pela sua simplicidade — seja na fabricação das peças pré-moldadas, seja em sua montagem, tem provado substituir com vantagem de economia e solidez os processos convencionais de construção.

Os elementos que compõem o sistema, pré-moldados em concreto, são fabricados em máquinas e moldes especiais de fácil transporte e manuseio. As peças fabricadas submetidas a intensa vibração e compressão que lhes conferem grande resistência, são leves, devido aos vazios que funcionam ainda como excelente isolamento acústico.

Blocos de fundação, pilaretes, painéis e elementos de laje se armam racionalmente e a ligação é feita por concreto "in loco". Na montagem dos elementos não se necessita de fôrmas nem de escoras, nem de mão-de-obra especializadas. As instalações elétricas e hidráulicas se fazem pelas cavidades horizontais e verticais pré-dimensionadas e pré-localizadas, pelos mesmos operários que efetuam a montagem dos elementos de concreto.

Embora nas casas já executadas com o sistema Vibro-Beton se tenha utilizado um revestimento de massa com 1 cm de espessura para acabamento, experimenta-se atualmente, através de tratamento das peças pré-moldadas, evitar o revestimento e até mesmo a pintura.

O sistema não tem limitação de programa, nem exige que o projeto a êle se adapte. O sistema se adapta ao projeto. O dimensionamento e a modulação dos painéis são extremamente flexíveis e se prestam a atender à imaginação criadora dos arquitetos. □

1

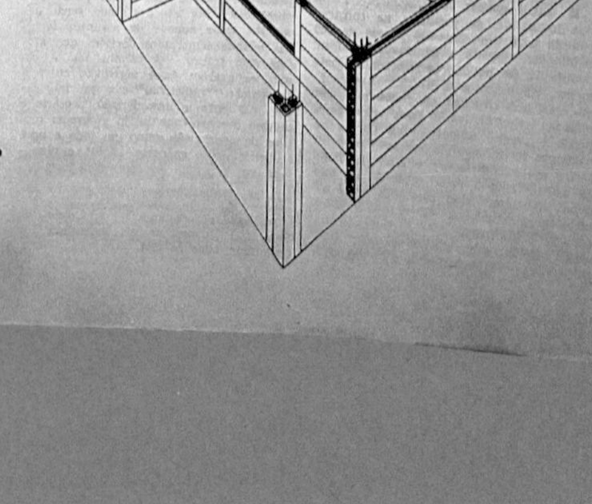

(1) A fundação é executada com brocas de concreto de 15 ou 20 cm. de diâmetro, de acôrdo com a natureza da obra. As brocas são dispostas em correspondência às uniões dos painéis que formam as paredes; sôbre elas são colocados elementos vazados de concreto vibrado que formam o bloco de fundação, no qual são apoiados e unidos os painéis formando colunas embutidas até a viga de amarração. Os painéis armados tornam-se elementos auto-portantes. Desta forma se obtém paredes armadas no sentido vertical e horizontal, dando à construção, monolicidade e resistência excepcionais. Para a cobertura é utilizado um sistema de lage pré-moldada com elementos semelhantes aos painéis, que depois recebem um capeamento de concreto posto "in loco".

"econômica" e "luxo", distintas apenas nos acabamentos e acessórios. Segundo os fabricantes, obtiveram bons resultados qualitativos, mas uma "produção permanente e em grande escala poderia tornar bastante sensível uma diminuição de custos".[66]

Uma aposta igualmente focada na produção via BNH, mas com outra estratégia de mercado é a da empresa Vibro-Beton, interessada em vender vibradores de concreto e moldes para a chamada "pré-fabricação leve de canteiro". O arquiteto Jaime Herdoiza Cobo e o engenheiro Aldo Coti-Zelati apresentam a proposta na revista *Arquitetura IAB*, começando pelos bordões da época: "O problema habitacional, existente na quase totalidade dos países, toma proporções drásticas no Brasil, face as nossas condições precárias de desenvolvimento e a explosão demográfica".[67] Eles, então, explicam que os países mais industrializados têm adotado a pré-fabricação pesada para dar conta da questão, mas que aqui o caminho seria outro: "as enormes distâncias que separam uma cidade da outra, os materiais, meios e mão de obra à disposição, e considerando que esta última ainda é relativamente barata" tornariam evidente a opção pela "produção de elementos pré-moldados de pequeno porte diretamente no local da obra, utilizando materiais e mão de obra locais, eliminando o transporte, os equipamentos especiais de levantamento e procurando trazer benefícios de ordem econômico-social para a região".[68] Os produtos da Vibro-Beton resolveriam a questão e, além disso, se adaptariam a qualquer projeto. Na prática, as peças do sistema são pilares e painéis alongados, empilhados horizontalmente como as fiadas de uma alvenaria. Também as conexões são argamassadas à maneira convencional. A referida reportagem mostra imagens de uma obra destinada a alojamentos para

66 Ibidem, p. 44.

67 COBO & COTI-ZELATI, Sistema de pré-fabricação leve de canteiro, 1965, p. 30.

68 Ibidem, p. 30.

funcionários da Companhia Hidrelétrica de Boa Esperança, no interior do Piauí, e não consegui informações sobre outras obras da Vibro-Beton no Brasil daquele período. De qualquer modo, a questão que fica é se a substituição da alvenaria por componentes de concreto pré-moldados no local de fato representaria um avanço ou se apenas ajudaria a desvalorizar ainda mais o trabalho de construção e aumentar a demanda de equipamentos e o consumo de cimento.

De fato, cimento e concreto são protagonistas não apenas da construção in loco, mas também de diversos sistemas pré-fabricados que foram testados no Brasil pós-golpe.[69] Um deles, patenteado pela Usina Técnica de Concretagem Ltda. (USITEC), aparece numa reportagem do primeiro número da revista *O Dirigente Construtor*, publicação essa que logo se tornaria uma daquelas de maior circulação no setor de construção e que foi notoriamente patrocinada pelos próprios empreiteiros.[70] O processo da USITEC emprega um equipamento "especialmente projetado" para justapor, "com facilidade", painéis estruturais de concreto, "com o objetivo de reduzir tempo e custos de construção de grandes conjuntos residenciais"; uma casa seria construída num único dia de trabalho, desde que a mão de obra estivesse "convenientemente treinada".[71] O problema da distribuição desse pré-fabricado pesado seria resolvido mediante uma rede de usinas, cada uma das quais instalada no prazo de apenas noventa dias e capaz de abastecer, com economia, "um raio de até 100km".[72] No final da reportagem, fica evidente que a anunciada redução de custos se refere, na verdade, a "economias de mão de obra e de materiais", ao passo que o preço da unidade habitacional não seria "sensivelmente inferior ao das construções tradicionais".[73]

69 Cf. BASTOS & ZEIN, *Brasil: arquiteturas após 1950*, 2010.

70 Cf. CAMPOS, Empreiteiros e imprensa, 2018.

71 [s.n.], Uma casa em 8 horas, 1965, p. 47.

72 Ibidem, p. 47.

73 Ibidem, p. 50.

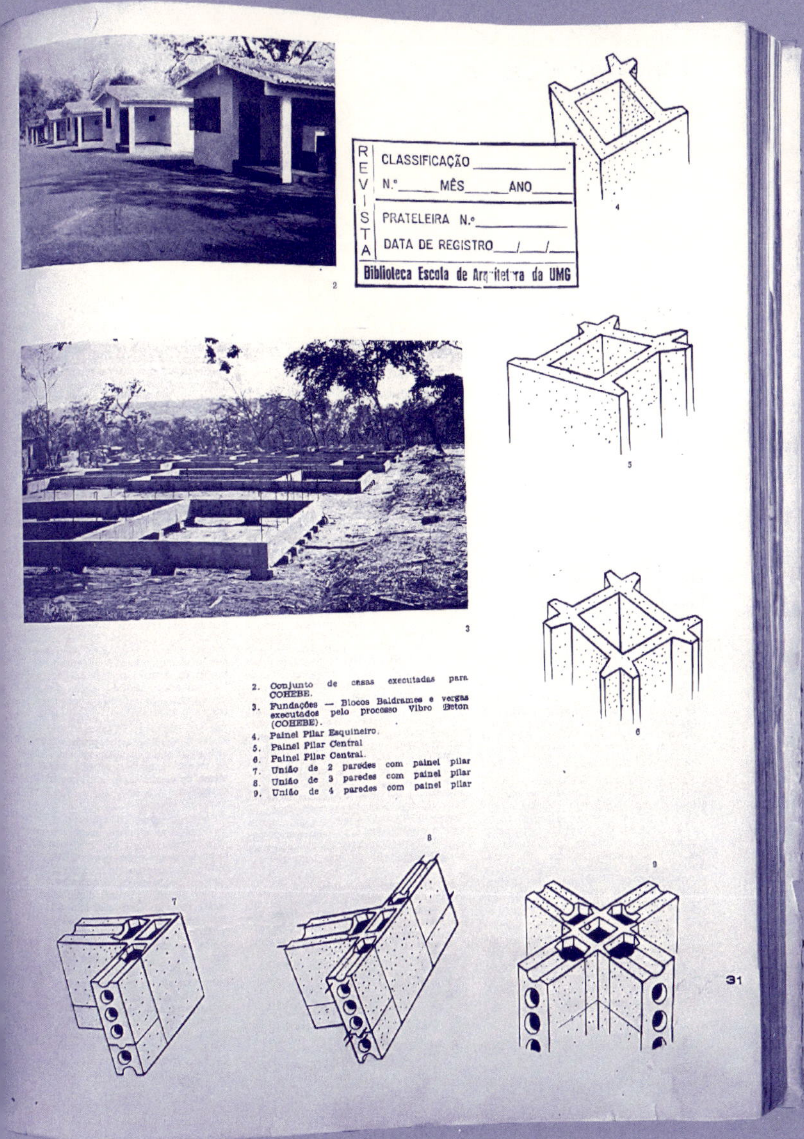

2. Conjunto de casas executadas para COHEBE.
3. Fundações — Blocos Baldrames e vergas executados pelo processo Vibro Beton (COHEBE).
4. Painel Pilar Esquineiro.
5. Painel Pilar Central
6. Painel Pilar Central.
7. União de 2 paredes com painel pilar
8. União de 3 paredes com painel pilar
9. União de 4 paredes com painel pilar

31

"Sistema de pré-fabricação leve de canteiro", projetado por Jaime Herdoiza Cobo e Aldo Coti-Zelati, publicado na revista *Arquitetura IAB*, n. 40, 1965, pp. 30–31.

Sôbre o guincho, o operário orienta a colocação dos painéis já justapostos

Logo após a colocação dos painéis de uma das fachadas é feito o escoramento

A moldagem dos painéis é feita em peças metálicas sôbre mesas giratórias

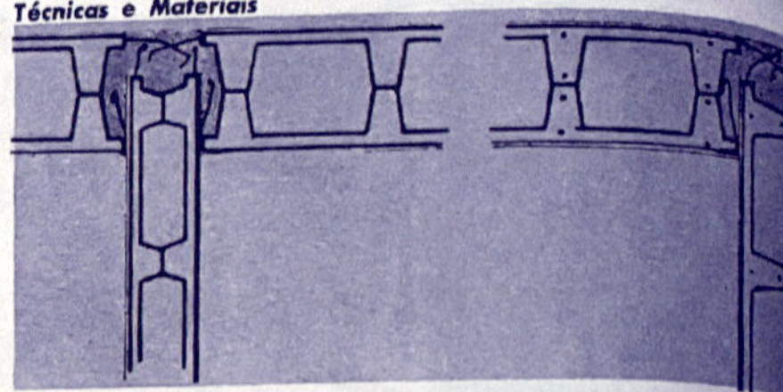

No corte observa-se pormenores das juntas das placas pré-moldadas de co

capacidade de produzir cêrca de 4,5 mil m² de área construída por mês. Por outro lado, é plano da Usitec estabelecer uma rêde de usinas, espalhadas por todo o País.

As usinas compreendem três seções e podem ser montadas em apenas 90 dias. A unidade completa está orçada em cêrca de 60 milhões de cruzeiros e compreende 48 fôrmas metálicas para painéis e correspondentes guinchos e carrinhos, pátio de cura e seção de transporte. Êsse tipo de usina pode manter a produção diária de três casas de 45 m², ou seis casas do tipo popular, que tem 25 m² aproximadamente.

Os painéis de concreto armado empregados pela Usitec são fabricados em fôrmas próprias, em chapa preta de ferro 16 montada sôbre mesas giratórias, a uma altura de 1,5 m, e aquecidas a vapor, a baixa pressão. O aquecimento permite a cura de painéis com granulometria fina em aproximadamente uma hora e meia.

As fôrmas são colocadas em posição vertical para a retirada dos painéis e nessa operação é usado um guincho de pequeno porte. A placa de concreto sai da seção de fôrmas já revestida de massa fina.

Painéis padronizados

Painéis em tamanhos especiais são produzidos nas mesmas fôrmas dos painéis padronizados, que também permitem a confecção de peças com recortes para caixilhos, portas, caixas de luz, pontos de água e oitões. Uma só fôrma produz, simultâneamente, dois oitões triangulares.

O transporte da seção de fôrmas para o pátio de cura é executado por um único homem, através de carrinho manual, montado em tubos, com rodas pneumáticas.

O dimensionamento dos painéis foi cuidadosamente considerado pelos fabricantes com vistas à flexibilidade de seu emprêgo. Êles são produzidos em escala comercial num compri máximo de 3 m e largura de 90 dosagem do concreto varia de 350 kg/m³. Dentro dêsses limite dem ser executadas placas de quer dimensões, em linha de pro normal. Dimensões maiores só poderão ser alcançadas em caso d dução especial.

Para atender à construç casas de baixo custo são fabricad linha normal quatro tipos de p nas quais variam tanto a altu nervura quanto a espessura da de compressão. A espessura tota ses painéis varia de 5 a 10 cm modo a permitir a execução de des de várias espessuras, pela c nação, dois a dois, dos diversos de painéis. O sistema permite, formar paredes de 10, 13, 15, 1 19, 20 e 22 cm de espessura, das as mais finas são utilizadas para des divisórias internas, não estru e as de maior espessura, para fo fechamento de lajes de piso.

Todos os painéis levam ar ra nas nervuras e uma pequena gem de distribuição. São especia te deixadas pontas de ferro para ração dos painéis nas fundações vergas de fechamento superior.

A combinação dos vários produzidos cria painéis com gr momentos de inércia. Assinalam da, os produtores que a meno placas alcança resistência à con são da ordem de 20 t/m.

O transporte dos painéis p minhão não exige equipamento cial. Para se ter idéia da facilida transporte, basta dizer que uma de 45 m² é transportada por do minhões de tonelagem média.

Montagens e acabamento

Para a montagem de casas tituídas dêsses elementos pré-fa dos, é necessária apenas a const de uma sapata corrida, armada çada a 20 cm de profundidade. (se

Outro exemplo importante de pré-fabricação pesada é o sistema criado pela Construtora Rabello, uma das maiores empreiteiras de Brasília, mediante uma subsidiária cujo nome já indica a meta: Construção Industrializada Nacional S.A. (CINASA). Fundada em 1965 e instalada em São Bernardo do Campo, a CINASA prometia casas pré-fabricadas completas e propagandeou esse 'sonho' até na coroação da Miss Brasil 1967.[74] Segundo a reportagem de *O Dirigente Construtor*, a empresa desbanca as oito horas da USITEC: em apenas *cinco* horas, "um guindaste de tamanho médio e quatro homens" montariam uma casa.[75] O sistema, de cuja concepção participou o já mencionado engenheiro Teodoro Rosso,[76] tem por característica distintiva a substituição da brita pela argila expandida, o que reduz o peso dos componentes e melhora o isolamento térmico. Além disso, o sistema permite ajustes na medida das fôrmas dos painéis e, portanto, uma variabilidade maior dos projetos. Até edificações de múltiplos pavimentos são possíveis. Como no caso anterior, os painéis chegam à obra já com instalações, esquadrias e pintura.

A reportagem dá ênfase ao fato de que o sistema foi "inteiramente estudado e desenvolvido por técnicos nacionais com a utilização de equipamento existente no país, e adaptado às condições locais", evitando "ônus cambiais" e "encargos a título de royalties e know-how", além de fortalecer a engenharia e o parque fabril nacionais.[77] Trata-se aqui de uma queda de braço com o governo de Castello Branco, que preferia "contratar empresas de engenharia estrangeiras em detrimento das nacionais para realização de projetos de obras e intervenções de infraestrutura no país".[78] No entanto, embora tenha havido esforços de vários agentes do

74 KOURY, Construção social e tecnologias civis (1964–1986), p. 175.

75 [s.n.], Pré-fabricação pesada dá casa montada em cinco horas, 1967, p. 23.

76 KOURY, *Arquitetura construtiva*, 2005, p. 128.

77 [s.n.], Pré-fabricação pesada dá casa montada em cinco horas, 1967, p. 26.

78 CAMPOS, Empreiteiros e imprensa, 2018, p. 6.

setor da construção para promover sistemas de pré-fabricação habitacional em larga escala, é fato que o BNH não cumpriu as expectativas — o que, no caso da CINASA, levou a empresa a mudar seu foco da pré-fabricação de casas para a de elementos estruturais de concreto protendido.[79]

Dos arquitetos depois de 1964

É notório que os agentes que tentavam estabelecer sistemas de pré-fabricação enfrentaram alguma oposição por parte dos arquitetos. Já mencionei como diversos autores estrangeiros tentavam reformular 'o papel do arquiteto', indicando que, mesmo em países mais industrializados, mudanças nas práticas de projeto foram lentas. Por aqui, não foi diferente. O engenheiro Augusto Carlos de Vasconcellos conta, por exemplo, as dificuldades da CINASA (na sua segunda fase) para aplicar suas peças estruturais pré-fabricadas aos projetos arquitetônicos. Segundo ele, os arquitetos não apenas supunham que "a imposição de alguns perfis padronizados limitaria sua criatividade", como também, "pela rotina de seu trabalho e pela preguiça de se inteirarem de novos produtos", continuaram projetando da maneira convencional e interditavam até pequenas alterações "por mera questão de vaidade".[80]

Por outro lado, houve arquitetos que procuraram atuar no universo das promessas do BNH, propondo formas de racionalização da construção mais ou menos à margem dos empreendimentos da grande indústria. O programa de "habitações transitórias", do arquiteto Paulo Magalhães, é um desses casos. A proposta pretendia dar uma resposta rápida e econômica ao déficit habitacional mediante a

79 VASCONCELLOS, *O concreto no Brasil: pré-fabricação, monumentos, fundações*, 2002, p. 36.

80 Ibidem, p. 37.

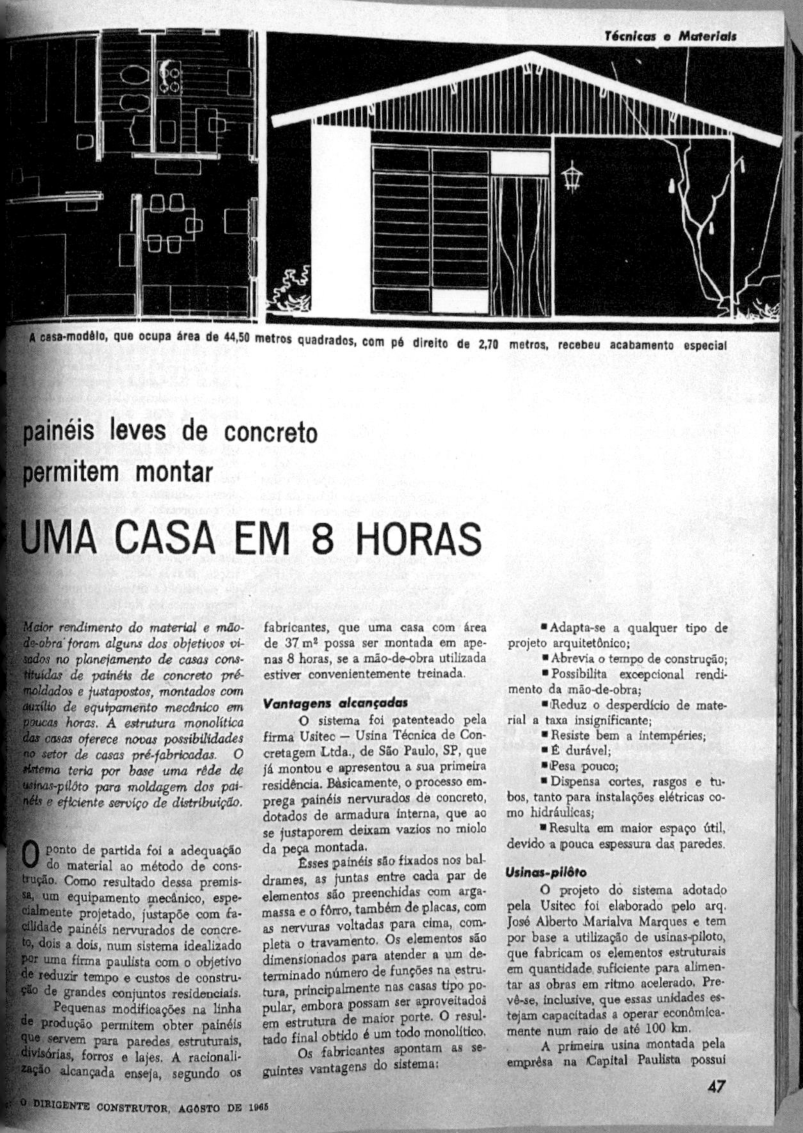

Técnicas e Materiais

A casa-modêlo, que ocupa área de 44,50 metros quadrados, com pé direito de 2,70 metros, recebeu acabamento especial

painéis leves de concreto permitem montar

UMA CASA EM 8 HORAS

Maior rendimento do material e mão-de-obra foram alguns dos objetivos visados no planejamento de casas constituídas de painéis de concreto pré-moldados e justapostos, montados com auxílio de equipamento mecânico em poucas horas. A estrutura monolítica das casas oferece novas possibilidades no setor de casas pré-fabricadas. O sistema teria por base uma rêde de usinas-pilôto para moldagem dos painéis e eficiente serviço de distribuição.

O ponto de partida foi a adequação do material ao método de construção. Como resultado dessa premissa, um equipamento mecânico, especialmente projetado, justapõe com facilidade painéis nervurados de concreto, dois a dois, num sistema idealizado por uma firma paulista com o objetivo de reduzir tempo e custos de construção de grandes conjuntos residenciais.

Pequenas modificações na linha de produção permitem obter painéis que servem para paredes estruturais, divisórias, forros e lajes. A racionalização alcançada enseja, segundo os fabricantes, que uma casa com área de 37 m² possa ser montada em apenas 8 horas, se a mão-de-obra utilizada estiver convenientemente treinada.

Vantagens alcançadas

O sistema foi patenteado pela firma Usitec — Usina Técnica de Concretagem Ltda., de São Paulo, SP, que já montou e apresentou a sua primeira residência. Bàsicamente, o processo emprega painéis nervurados de concreto, dotados de armadura interna, que ao se justaporem deixam vazios no miolo da peça montada.

Êsses painéis são fixados nos baldrames, as juntas entre cada par de elementos são preenchidas com argamassa e o fôrro, também de placas, com as nervuras voltadas para cima, completa o travamento. Os elementos são dimensionados para atender a um determinado número de funções na estrutura, principalmente nas casas tipo popular, embora possam ser aproveitados em estrutura de maior porte. O resultado final obtido é um todo monolítico.

Os fabricantes apontam as seguintes vantagens do sistema:

- Adapta-se a qualquer tipo de projeto arquitetônico;
- Abrevia o tempo de construção;
- Possibilita excepcional rendimento da mão-de-obra;
- Reduz o desperdício de material a taxa insignificante;
- Resiste bem a intempéries;
- É durável;
- Pesa pouco;
- Dispensa cortes, rasgos e tubos, tanto para instalações elétricas como hidráulicas;
- Resulta em maior espaço útil, devido a pouca espessura das paredes.

Usinas-pilôto

O projeto do sistema adotado pela Usitec foi elaborado pelo arq. José Alberto Marialva Marques e tem por base a utilização de usinas-piloto, que fabricam os elementos estruturais em quantidade suficiente para alimentar as obras em ritmo acelerado. Prevê-se, inclusive, que essas unidades estejam capacitadas a operar econômicamente num raio de até 100 km.

A primeira usina montada pela emprêsa na Capital Paulista possui

O DIRIGENTE CONSTRUTOR, AGÔSTO DE 1965

47

"Painéis leves permitem montar uma casa em 8 horas", pelo sistema da USITEC projetado por José Alberto Marialva Marques, publicado na revista *O Dirigente Construtor*, v. 1, n. 10, 1965, pp. 47–48.

PRÉ-FABRICAÇÃO PESADA

dá casa montada em cinco horas

A pré-fabricação de casas no Brasil enfrenta a fase de produção total em usina, também denominada pré-fabricação pesada. Indústria paulista está produzindo painéis de concreto de até 6,30 m de comprimento, por 3 m de altura, que deixam a fábrica já inteiramente acabados. O sistema permite a construção de habitações de quaisquer dimensões e diversos tipos, inclusive sobrados e edificações de vários andares.

Com capacidade de produção prevista para 10 unidades por dia, já se encontra em funcionamento, em São Bernardo do Campo, SP, uma nova indústria de casas pré-fabricadas, a CINASA — Construção Industrializada Nacional S.A., firma subsidiária da Construtora Rabello S.A.

O sistema pôsto em prática foi estudado e desenvolvido por técnicos brasileiros, com base em processos existentes em outros países e na experiência própria adquirida na construção tradicional e na pré-moldagem em grande número de obras realizadas em Brasília, DF. Sua característica fundamental reside na pré-fabricação total em usina, também denominada pré-fabricação pesada, e no emprêgo de concreto preparado com argila expandida como agregado, em lugar da brita ou cascalho.

O sistema consiste na fabricação de painéis de vedação, piso e cobertura, que saem da fábrica internamente acabados, com os respectivos revestimentos, e já pintados, deixando-se para depois da montagem apenas a última demão de tinta. As tubulações hidráulicas e elétricas vêm embutidas nas paredes, restando apenas a ligação com as instalações existentes no terreno.

Essas características permitem a montagem de uma casa do tipo popular de 50 m², em apenas 5 horas, com a ajuda de 4 homens: o operador do guindaste, um operário especializado e dois ajudantes. O acabamento d[...] moradia é executado em aproximad[...]mente 7 dias.

Dimensões das peças

Os painéis produzidos pela CINAS[...] têm suas dimensões limitadas pe[...] própria capacidade do equipamen[...] de fabricação, transporte e montagem[...] De um modo geral, são sempre do t[...]manho do cômodo a que se destinam[...] a fim de que as juntas fiquem local[...]zadas nos cantos de cada compart[...]mento. O equipamento atualmente e[...] uso permite a obtenção das dimensõ[...] máximas de 6,3 m de compriment[...] 3 m de altura, com espessuras q[...] variam entre 5 e 25 cm, dependen[...] do fim a que se destinam.

O painel, qualquer que seja su[...] função, pode ser vazado ou cheio, de[...]pendendo das exigências do projeto.

Segundo os diretores da emprê[...] fabricante, todo o equipamento do si[...]tema foi projetado de forma a perm[...]tir grande maleabilidade na confecçã[...] das peças, para atender a quaisque[...]

produção de casas que teriam uma vida útil de seis a dez anos e depois seriam substituídas por construções mais sólidas. Magalhães critica os programas habitacionais que se baseiam apenas em "abstração numérica de quantidade e preço", com projetos que nada mais seriam do que "uma casa burguesa, de classe média, simplificada e reduzida a dimensões mínimas".[81] A sua proposta, pelo contrário, resultaria "da observação e da análise das casas construídas pelos próprios trabalhadores":[82] uma fita única formada por banheiro, três quartos e sala-cozinha, com um corredor amplo e muitas aberturas para a área externa. Os painéis e as telhas que compõem a casa seriam pré-moldados em "concreto fibroso" — uma mistura de cimento, areia e fibra vegetal localmente disponível — e seriam armados com bambu em substituição ao ferro. Magalhães também considera a "participação dos trabalhadores na ereção das habitações em regime de mutirão, eliminando a mão de obra de montagem e servindo como o primeiro fator de integração".[83]

Já o arquiteto Ulysses Burlamaqui apresenta o projeto de uma casa pré-fabricada desmontável e passível de crescimento. A unidade básica é um quadrado de seis por seis metros, com estrutura de alumínio e cobertura plana de telhas de fibrocimento, a que se podem justapor mais unidades do mesmo tamanho. Burlamaqui não nos diz de que seriam feitos os painéis de paredes nem como se justificaria um material caro como o alumínio. Mas, embora o projeto se pareça mais com um exercício de geometria e seja apresentado apenas por desenhos esquemáticos e uma maquete, sem apontamentos acerca de uma pesquisa construtiva, o arquiteto prevê um "tempo de montagem de uma unidade,

81 MAGALHÃES, Habitações transitórias: proposta para um programa de habitação, 1965, p. 14.

82 Ibidem, p. 14.

83 Ibidem, p. 15.

feita a seco, após concluírem-se fundações e placas de piso, de cinco dias".[84]

Outros arquitetos recorreram a componentes disponíveis no mercado para formular suas propostas de obras racionalizadas. Dez anos depois de a UNI-SECO encerrar suas atividades, Eduardo Kneese de Mello projetou, junto com Sidnei de Oliveira, um conjunto de trinta e quatro "chalés" para o Clube de Campo São Paulo, na represa de Guarapiranga. Fechamentos e coberturas foram construídos com "janelas guilhotina *Ideal*, sistema de portas piso teto com bandeira superior [...], sistema de cobertura industrializado em telhas calhetão de fibrocimento amianto e contraplacados de *Formiplac* [...]: tudo entregue na obra e montado a seco, sem argamassa, cortes ou adaptações".[85] Por outro lado, fundações, empenas, forros e outros detalhes foram executados à maneira convencional. Esse cuidadoso planejamento executivo é, de certo modo, o oposto do projeto de Burlamaqui: em vez de fantasiosa pré-fabricação completa, aproveitamento daquilo que a indústria de fato oferecia.

Outro exemplo na vertente dos chalés de Kneese de Mello, nesse período inicial da ditadura e do BNH, é o projeto de uma "Unidade de habitação préfabricada" publicado, em 1967, no número da revista *Acrópole* dedicado a Paulo Mendes da Rocha. Embora os desenhos apresentem o grau de elaboração de um projeto executivo, as explicações são sumárias, destacando-se apenas que "[n] ão se trata de um sistema novo de peças pré-fabricadas", e sim de peças "bastante usuais", apenas considerando sua montagem inteiramente a seco.[86] Talvez se manifeste aí a experiência do projeto do Conjunto Zezinho Magalhães Prado, que Mendes da Rocha, Fábio Penteado e Artigas projetavam naquele ano.

84 [BURLAMAQUI], Habitações pré-fabricadas, desmontáveis, de crescimento ilimitado, 1967, p. 20.

85 MONTENEGRO FILHO, Chalés modulados na Guarapiranga, 2022, p. 108.

86 [MENDES DA ROCHA], Unidade de habitação préfabricada 1967, 1967, p. 43.

rojetos. Isso dá ao arquiteto ampla berdade de concepção, já que para moldagem de peças diferentes basta m ajuste das fôrmas. O sistema per- ite edificações dos mais variados ti- os e para diversos fins, possibilitando construção de casas térreas, sobra- os e até edifícios de vários andares.

pos de painéis

Os painéis de piso podem ser va- ados ou cheios e são confeccionados com o acabamento previsto: taco, astilha, cerâmica, granilite, plástico- mianto etc. Quando vazados apresen- am espessura de 15 cm, com vaza- ento de 10 cm de diâmetro.

Os painéis de vedação têm 8 cm de spessura para paredes internas e 10 n para as externas. São moldados em rmas metálicas, que proporcionam ma superfície regular, que dispensa vestimento e já vem pronta para a intura. Os painéis para paredes de anheiro, copa e cozinha já deixam fôrmas com os revestimentos espe- iais previstos — azulejo, pastilhas ou

A fábrica

As atividades da CINASA tiveram início em 1965, com a construção da usina. As peças da estrutura da fábrica foram pré-moldadas no próprio local, em usina instalada no canteiro de obras.

A indústria está localizada em terreno de 36 mil m², em São Bernardo do Campo, na altura do Km 15 da Via Anchieta. A área construída atinge 8 mil m², nos quais estão distribuídos portaria, entrada geral, balança para veículos, escritórios, refeitório, cozinha, almoxarifado, oficina de manutenção, oficina de preparação, laboratório de ensaios, central de concreto com silos e transportadoras de correia, instalações das linhas de montagem e estocagem e pista de protensão.

O equipamento básico é constituído por uma central de concreto, de comando inteiramente automático, que movimenta os silos e balanças dosadoras e alimenta betoneiras de eixo vertical do tipo contracorrente; pontes rolantes e monovias; sistema de fôrmas metálicas para moldagem das peças; pista de moldagem de lajes perfuradas; sistema de aquecimento para aceleração da cura do concreto.

O capital atual da CINASA é de 2,5 bilhões de cruzeiros, devendo o investimento ascender a 4 bilhões de cruzeiros quando a indústria estiver totalmente instalada.

Um guindaste de tamanho médio e quatro homens bastam para montar, em apenas 5 horas de trabalho, uma casa do tipo popular, de 50 m² de área construída

DIRIGENTE CONSTRUTOR, JANEIRO DE   23

"Pré-fabricação pesada dá casa montada em cinco horas", pelo sistema da CINASA concebido por Teodoro Rosso, publicado na revista *O Dirigente Construtor*, v. 3, n. 3, 1967, pp. 22–26.

Habitações transitórias: Proposta para um programa de habitação

Arquiteto Paulo Magalhães,

Privados principalmente de recursos financeiros, emigrados de várias regiões do país, em busca de mercado de trabalho, empobrecidos até à miséria pela involução desagregadora das atuais bases econômicas e sociais, grande parcela dos trabalhadores, principalmente os de Brasília, habita barracos de madeira improvisados e anti-higiênicos que se multiplicam rápidamente, armando cidades fantásticas.

Êsses barracos, todavia, condicionados embora aos parcos recursos materiais, são, via de regra, representativos dos costumes e da tradição cultural de cada um e de todos.

A perplexidade dos governantes diante dêsse fenômeno, mais a ausência de sensibilidade, leva-os à formulação de programas acadêmicos que se reduzem a uma abstração numérica de quantidade e preço.

Êsses programas são, quase sempre, a multiplicação do projeto de uma casa burguesa, de classe média, simplificada e reduzida a dimensões mínimas, e que, uma vez executados, como tem demonstrado a experiência, deterioram e degeneram em favelas de alvenaria.

As habitações transitórias são um programa que resulta da observação e da análise das casas construídas pelos próprios trabalhadores. Objetiva a continuidade de um processo de cultura tendo em vista uma realidade existencial rica em espontaneidade e variedade de aptidões. Elas são, por assim dizer, como um preenchimento dinâmico entre os barracos primitivos e as habitações futuras, ordenadas, porém, segundo um traçado urbanístico de organização dos espaços com miras ao ajustamento gradativo dos indivíduos a uma comunidade através do trabalho, da educação, da recreação e das relações sociais.

Para um tempo previsto de 6 a 10 anos, as habitações transitórias poderão ser substituídas por outras definitivas quando, por fôrça dêsse processo de integração e desenvolvimento social, as famílias estiverem preparadas para o uso integral dos recursos técnicos de nossa época, dentro de uma sociedade orgânicamente superior e humana.

O projeto define os espaços internos e externos utilizados pelos trabalhadores. Da simplificação e distribuição dos prime ros, possibilitando a instalação convenier te de cada família, e da ordenação d segundos, usados normalmente para p quenos serviços, decorre uma solução a quitetônica não convencional que possib lita a criação de um sistema modular ve tical e horizontal para pré-moldados placas e telhas objetivando a simplific ção do sistema construtivo e redução custo da obra.

Para a complementação dêsse progran impunha-se a pesquisa de pré-moldac tendo-se em vista a utilização dos recu sos locais já que não dispomos ainda um parque industrial capaz de trazer regiões menos desenvolvidas os benefíc das modernas técnicas de pré-fabricaç Essa pesquisa foi dirigida para o concr fibroso, utilizando-se uma fibra existe em abundância na região do serrado: "velosia glaucescens" vulgarmente chan da "canela-de-ema".

Tècnicamente, êsse pré-moldado é o sultado da composição de cimento, ar e fibra, armado com bambu em substit

> Na verdade, os arquitetos sabiam que não havia uma base industrial pronta para executar o projeto, e sua expectativa era justamente que a magnitude da obra estimulasse o surgimento de indústrias de pré-fabricados. Mas as empreiteiras argumentaram que não havia interesse em construir indústrias de pré-fabricados para depois realizar a obra. Os arquitetos recorreram então ao Estado, que recuou diante da proposta — segundo Fábio Penteado, a justificativa do BNH teria sido garantir o emprego de mais trabalhadores. O conjunto habitacional, ao fim, foi construído com menos edifícios do que o previsto e de forma tradicional, com uso intensivo de mão de obra e pouca mecanização.[87]

Se Brasília foi uma oportunidade perdida em termos de industrialização e pré-fabricação da construção, como diria Paulo Bruna, o Conjunto Zezinho Magalhães foi a pá de cal na promessa da grande produção pré-fabricada de habitações via BNH.

De resto...

O percurso acima esboçado mostra que houve, no Brasil, alguma mobilização pela 'causa' da casa pré-fabricada. Arquitetos, engenheiros, empresários, instituições de classe e até órgãos do Estado debateram estratégias políticas e tecnológicas, projetaram e testaram protótipos, elaboraram métodos construtivos e investiram recursos nessa causa.[88]

87 ARANTES, *Arquitetura Nova*, 2002, p. 103.

88 Vale mencionar, nesse sentido, um episódio um pouco posterior ao período aqui analisado, a saber, Campus Experimental de Narandiba, construído em Salvador em 1978. Ele foi concebido como uma mostra de tecnologias inovadoras para a construção habitacional, na qual muitas empresas ergueram protótipos unifamiliares a partir de materiais diversos (tais como madeira compensada, madeira mineralizada, aparas de madeira aglomeradas, concreto celular, solo-cimento e poliuretano expandido), compondo sistemas construtivos pré-fabricados igualmente diversos: de sistemas pilar-viga, passando por sistemas de painéis, até módulos tridimensionais. Embora não tenha alcançado

Contudo, os resultados permaneceram quase sempre restritos a demandas pontuais das classes média e alta. O número de empresas que de fato chegaram ao estágio de comercialização de seus pré-fabricados é até significativo, mas seus produtos tiveram alcance limitado e, na maioria das vezes, a produção teve vida curta, em razão da ausência de grandes encomendas e de linhas de financiamento sólidas, abrangentes e de longo prazo. Sem isso, a pré-fabricação não conseguiu 'competir' com os processos convencionais de construção. Na produção por empreiteiras, esses processos continuaram mais lucrativos e mais favoráveis ao equacionamento macroeconômico de setores 'avançados' e setores 'atrasados'. Na autoprodução, continuaram mais baratos e mais flexíveis em termos operacionais, além de poderem se estender por prazo indeterminado.

Ao mesmo tempo, é evidente a diferença entre a pauta habitacional e a pauta da industrialização da construção que mobilizou o empresariado. O discurso da primeira fase do BNH equiparou as duas coisas, como se não houvesse contradição entre os interesses do capital e os interesses da população em geral, mas essas contradições não demoraram a se manifestar. A prometida produção em massa não veio e, como Sérgio Ferro percebeu cedo, o canteiro da industrialização seguiu atrasado, segregado e insalubre. Houve um "avanço das forças de produção, mas sem mudança correspondente das relações de produção nem distribuição relativamente homogênea da riqueza produzida".[89] A modernização da produção reivindicada pela indústria da construção esteve "distante da modernização das relações de trabalho e produção".[90] A participação dos trabalhadores na transformação do setor não foi articulada, assim como

seu propósito mais amplo, havia, do ponto de vista tecnológico, fundamentos para a implementação de novos processos de produção habitacional.

89 FERRO, Em vez de prefácio, 2019, p. 18.

90 ARANTES, *Arquitetura Nova*, 2002, p. 104.

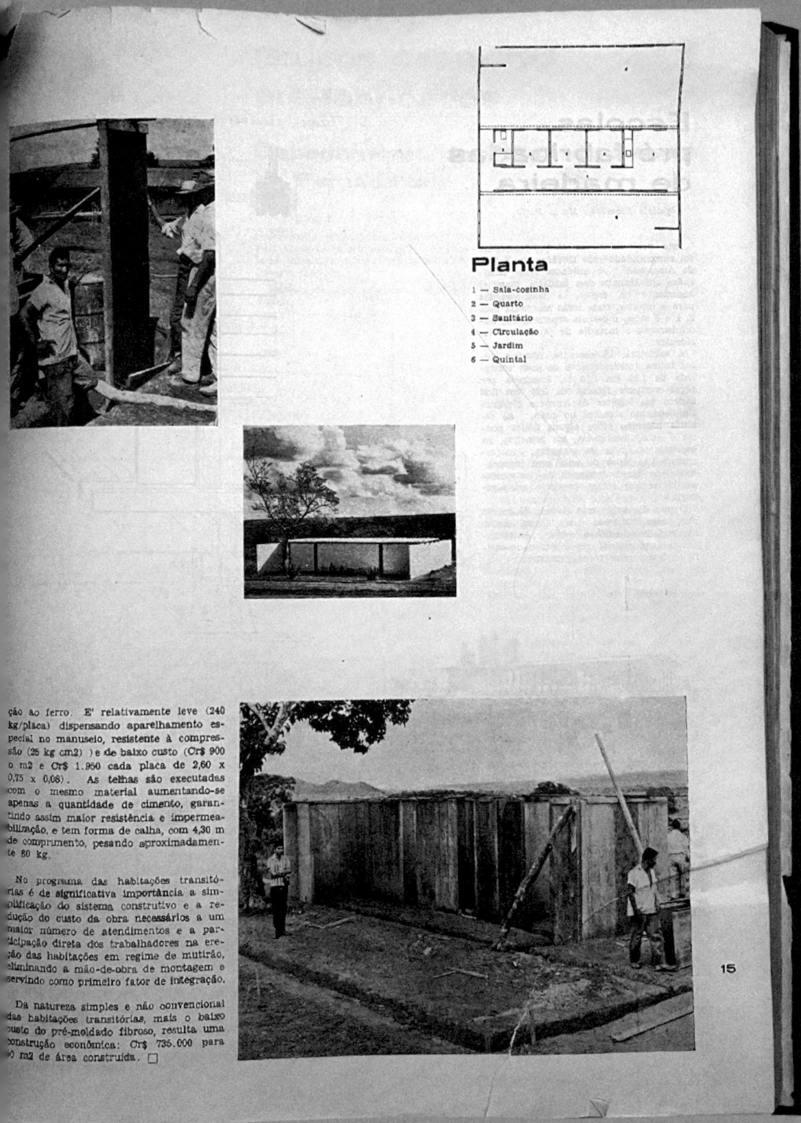

Planta

1 — Sala-cozinha
2 — Quarto
3 — Sanitário
4 — Circulação
5 — Jardim
6 — Quintal

ção ao ferro. E' relativamente leve (240 kg/placa) dispensando aparelhamento especial no manuseio, resistente à compressão (25 kg cm2)) e de baixo custo (Cr$ 900 o m2 e Cr$ 1.950 cada placa de 2,60 x 0,75 x 0,08). As telhas são executadas com o mesmo material aumentando-se apenas a quantidade de cimento, garantindo assim maior resistência e impermeabilização, e tem forma de calha, com 4,30 m de comprimento, pesando aproximadamente 80 kg.

No programa das habitações transitórias é de significativa importância a simplificação do sistema construtivo e a redução do custo da obra necessários a um maior número de atendimentos e a participação direta dos trabalhadores na ereção das habitações em regime de mutirão, eliminando a mão-de-obra de montagem e servindo como primeiro fator de integração.

Da natureza simples e não convencional das habitações transitórias, mais o baixo custo do pré-moldado fibroso, resulta uma construção econômica: Cr$ 735.000 para 0 m2 de área construída. □

15

"Habitações transitórias: proposta para um programa de habitação", de autoria de Paulo Magalhães, publicado na revista *Arquitetura IAB*, n. 40, 1965, pp. 14–15.

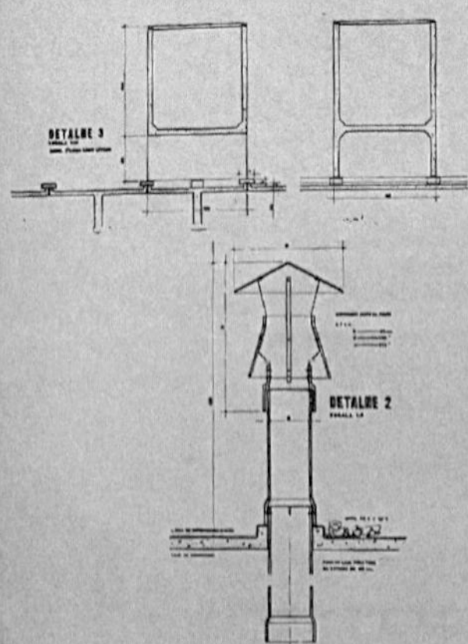

Cobertura

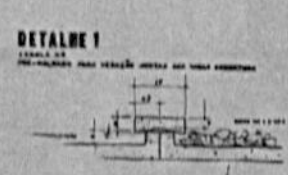

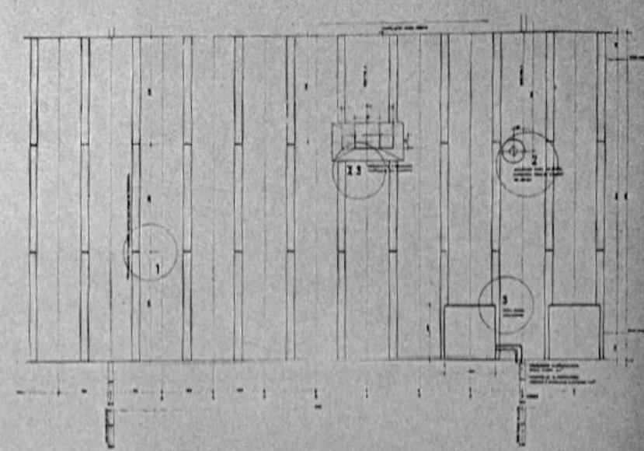

Planta da cobertura

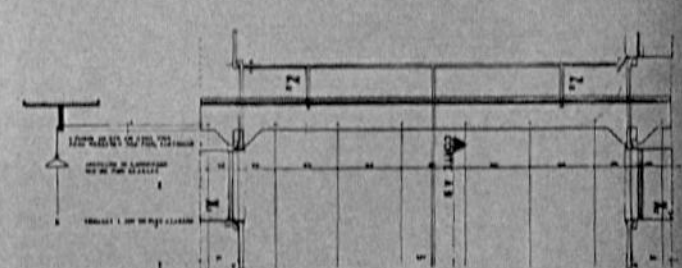

Peça de cobertura

Detalhes gerais das aberturas

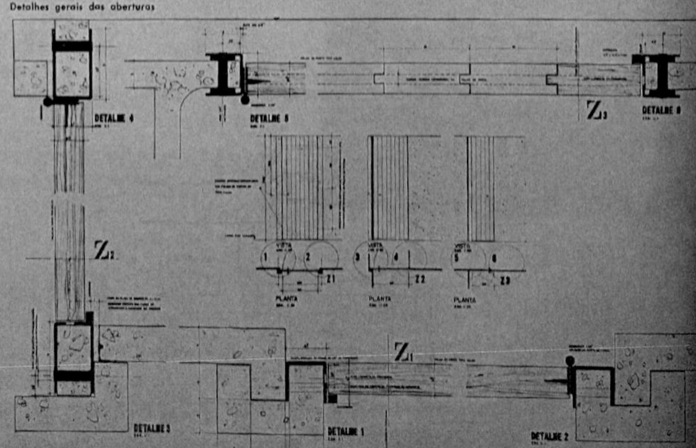

não o foi a participação de usuários e movimentos de moradia.

Em meio ao acirramento das contradições, arquitetos e outros bem-intencionados acreditaram na compatibilidade entre as duas pautas e fizeram propostas que hoje chegam a parecer ingênuas. Várias delas não foram motivadas por pesquisas de processos produtivos e relações de produção, mas se resumiram a equacionamentos gráficos, na expectativa de que o Estado e o mercado promoveriam seus desdobramentos técnicos e econômicos. Além disso, mesmo quando experimentadas em protótipos, as propostas não foram submetidas a testes reais de uso nem avaliadas por moradores pertencentes ao seu suposto público. Foram, antes, peças de exposição ou de uso esporádico para outros fins.

Gilbert Herbert chamou de "síndrome de Henry Ford" a obsessão que, de tempos em tempos, acomete o campo da arquitetura: "Por que não podemos produzir casas em massa — padronizadas, bem projetadas e a baixo custo — da mesma maneira que Ford produz carros em massa?".[91] Ora, as razões são várias, a começar pelo fato de que carros podem ocupar espaços públicos e não precisam, como as leis brasileiras impõem no caso das moradias, de terrenos de propriedade privada. Além disso, a síndrome faz esquecer que o problema que justificaria a produção em massa de carros — o da mobilidade urbana para toda a população — também não foi resolvido.

No entanto, alguns fios dessa trama persistiram nas décadas seguintes, ainda que não da forma inicialmente imaginada. Um deles é decorrente da pré-fabricação pesada de painéis de concreto armado, que se transmutou em pré-fabricação de elementos estruturais para edificações de maior porte e obras de infraestrutura. Outro é decorrente da pré-fabricação mais leve, de ciclo aberto e produção mais dispersa. Essa se expandiu na forma de componentes

91 HERBERT, *The dream of the factory-made house*, 1984, p. 3.

integrados à construção convencional, em especial a laje pré-fabricada, que se tornou onipresente nas moradias urbanas autoproduzidas. E há um terceiro fio a mencionar, que passou quase ileso pelo período: são as casas de fim de semana produzidas por empresas relativamente pequenas, sem nenhuma pretensão de resolver a questão habitacional.

Essa trama surpreende ainda mais por não assimilar a pré-fabricação como um processo de construção de moradias para além da empresa capitalista e de sua infraestrutura produtiva. Afinal, construir a seco e com componentes variados, fornecidos por fábricas maiores ou menores, não é um recurso restrito a grandes empresas: arquitetos, engenheiros e outros agentes da construção seriam capazes de conceber e pré-fabricar as partes de uma casa fora do canteiro sem, necessariamente, depender da produção em grande escala.

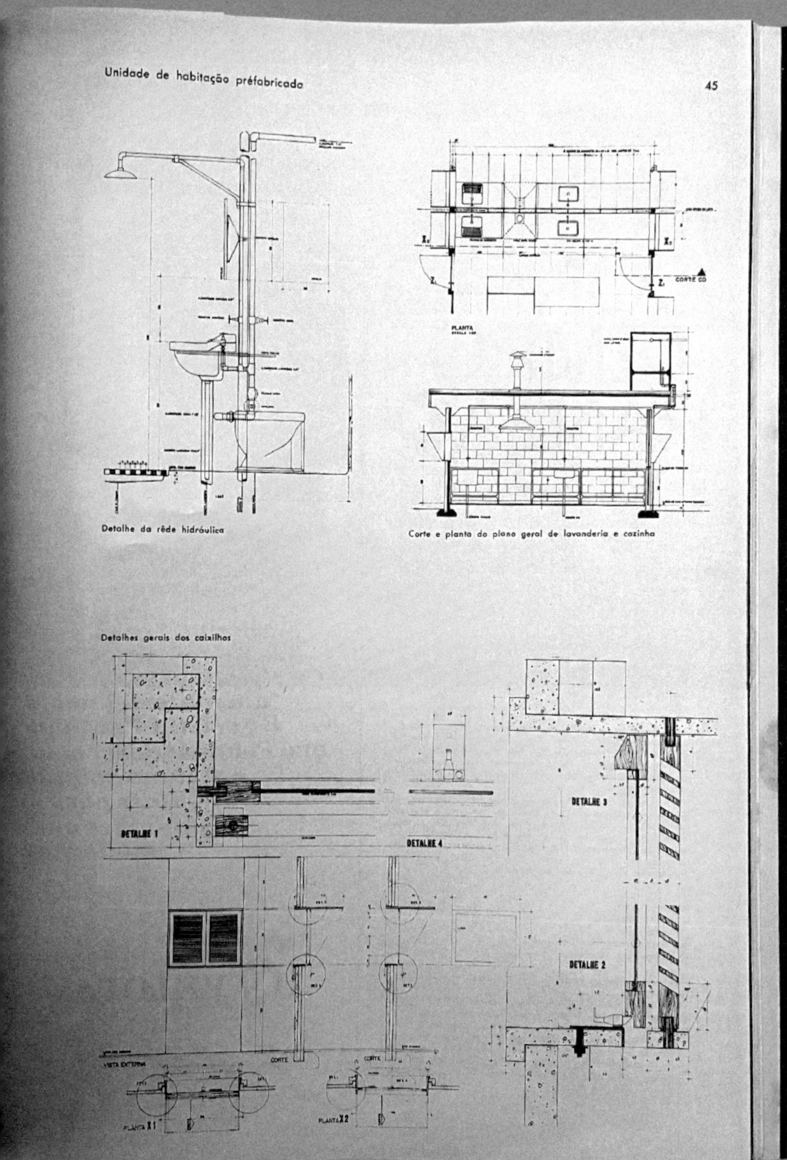

"Unidade de habitação préfabricada 1967", projetada por Paulo Mendes da Rocha, publicada na revista *Acrópole*, v. 29, n. 343, 1967, pp. 43–45.

Referências

AHERN, Richard. Cinco fórmulas falsas para a habitação. *Arquitetura IAB*, v. 3, n. 4, 1964, pp. 16–19.

ALBERTO, Klaus Chaves. A pré-fabricação e outros temas projetuais para *campi* universitários na década de 60: o caso da UnB. *Risco*, v. 10, n. 2, 2009, pp. 80–147.

ARANTES, Pedro Fiori. *Arquitetura Nova: Sérgio Ferro, Flávio Império e Rodrigo Lefèvre, de Artigas aos mutirões*. São Paulo: Editora 34, 2002.

ARAUJO, José T. R. Projeto de um sistema de montagem de casa. *Módulo*, n. 33, 1963, p. 18.

BASTOS, Maria Alice Junqueira; ZEIN, Ruth Verde. *Brasil: arquiteturas após 1950*. São Paulo: Perspectiva, 2010.

BERGDOLL, Barry. Viscidities of a modernist dream: from taylorized serial production to digital customization. In: Barry Bergdoll; Peter Christensen (eds.). *Home delivery: fabricating the modern dwelling*. New York: Museum of Modern Art, 2008, pp. 12–26.

BORSOI, Acácio Gil. Pré-fabricação em taipa. *Arquitetura IAB*, v. 4, n. 4, 1965, pp. 5–9.

BRUNA, Paulo Júlio Valentino. Subsídios para uma política de industrialização da construção no Brasil, *Acrópole*, n. 380, 1970, pp. 32–37.

BRUNA, Paulo Júlio Valentino. Subsídios para uma política de industrialização da construção no Brasil II, *Acrópole*, n. 382, 1971, pp. 28–30.

BRUNA, Paulo Júlio Valentino. *Arquitetura, industrialização e desenvolvimento*. São Paulo: Perspectiva; Editora USP, 1976.

[BURLAMAQUI, Ulysses]. Casas desmontáveis. *Arquitetura IAB*, n. 40, 1965, p. 13.

[BURLAMAQUI, Ulysses]. Habitações pré-fabricadas, desmontáveis, de crescimento ilimitado. *ABA: Arquitetura Brasileira do Ano*, v. 1, n. 4, 1967, pp. 20–23.

CAMARGO, Monica Junqueira de; MONTENEGRO FILHO, Roberto Alves de Lima. UNI-SECO do Brasil: repercussão de pré-fabricação do pós-segunda guerra. In: *14º Seminário Docomomo Brasil: O moderno em movimento: usos, reusos, novas cartografias: presente e futuro do legado da arquitetura moderna no Brasil*. Belém: Universidade Federal do Pará, 2021, pp. 1–15.

CAMPOS, Pedro Henrique Pedreira. Empreiteiros e imprensa: a atuação dos empresários da construção pesada junto aos veículos de comunicação antes e durante a ditadura civil-militar brasileira (1964–1988). *História* (São Paulo), n. 177, 2018, pp. 1–22.

COBO, Jaime Herdoiza; COTI-ZELATI, Aldo. Sistema de pré-fabricação leve de canteiro. *Arquitetura IAB*, n. 2, 1965, pp. 30–31.

[DUPRAT, Augusto Luiz]. O problema da habitação no Brasil. *Arquitetura IAB*, v. 2, n. 3, 1963, pp. 10–12.

[ESTELITA, José]. Cruzada social contra o mocambo no Recife, *Arquitetura e Urbanismo*, v. 6, n. 14, 1941, pp. 47–60.

FERRO, Sérgio. Residência no Butantã. *Acrópole*, n. 319, 1965, pp. 34–35.

FERRO, Sérgio. O canteiro e o desenho [1976]. In: *Arquitetura e trabalho livre*. São Paulo: Cosac Naify, 2006, pp. 105–200.

FERRO, Sérgio. Em vez de prefácio. In: Miguel Antonio Buzzar. *Rodrigo Brotero Lefèvre e a vanguarda da arquitetura no Brasil*. São Paulo: SESC, 2019, pp. 11–23.

FRANCIS, Paul. The history of UNI-SECO structures. In: *Prefab Museum: Celebrating Britain's post-war prefabs and their residents*, 2016, [s.p.].

[GONÇALVES, Antônio Carolino]. O problema da habitação e os arquitetos. *Arquitetura IAB*, v. 2, n. 5, 1963, pp. 19–23.

GROPIUS, Walter. A indústria de casas pré-fabricadas [1924]. In: *Bauhaus: Novarquitetura*. São Paulo: Perspectiva, 1972, pp. 189–197.

HERBERT, Gilbert. *The dream of the factory-made house: Walter Gropius and Konrad Wachsmann*. Cambridge, Massachusetts; London: MIT Press, 1984.

KNEESE DE MELLO, Eduardo. *Brasília, histórias e estórias*. São Paulo: DeMais, 1992.

KOURY, Ana Paula. *Arquitetura construtiva: proposições para a produção material da arquitetura contemporânea no Brasil*. Tese de Doutorado em Arquitetura e Urbanismo. Or. Nestor Goulart Reis Filho. São Paulo: Faculdade de Arquitetura e Urbanismo, Universidade de São Paulo, 2005.

KOURY, Ana Paula. Construção social e tecnologias civis (1964–1986): contribuição para um debate sobre política habitacional no Brasil. *Revista Brasileira de Estudos Urbanos e Regionais*, v. 15, n. 1, 2013, pp. 167–182.

KOURY, Ana Paula. Casas para o Brasil industrial: um modo de organizar, produzir e distribuir. In: *III Encontro da Associação Nacional de Pesquisa e Pós-Graduação em Arquitetura e Urbanismo. Arquitetura, cidade e projeto: uma construção coletiva*. São Paulo: ANPARQ, 2014, pp. 1–10.

KOURY, Ana Paula; ANELLI, Renato Luiz Sobral. O uso de madeira em duas casas de Carlos Millan. *3º Seminário Docomomo Sul: Primitivismo e inovação na arquitetura do cone sul latino-americano*. Porto Alegre: Docomomo, 2016, pp. 1–25.

MAGALHÃES, Paulo. Habitações transitórias: proposta para um programa de habitação. *Arquitetura IAB*, n. 2, 1965, pp. 14–15.

MAIA, Renato de Andrade. Rodrigo Lefèvre. Entrevista. *Vitruvius*, v. 1, n. 001.01, 2000, on-line.

MAZZOCCHI, Maurizio. Idéias e programas em favor da habitação econômica. *Habitat*, v. 6, n. 5, 1956, pp. 34–38.

MELLO, João Manuel Cardoso; NOVAIS, Fernando A. Capitalismo tardio e sociabilidade moderna. In: Fernando A. Novais; Lilia Moritz Schwarcz (eds.). *História da vida privada no Brasil. Volume 4. Contrastes da intimidade contemporânea*. São Paulo: Companhia das Letras, 1998, pp. 559–658.

[MENDES DA ROCHA, Paulo]. Unidade de habitação préfabricada 1967. *Acrópole*, n. 343, 1967, pp. 43–45.

MONTENEGRO FILHO, Roberto Alves de Lima. Chalés modulados na Guarapiranga: um caminho para a pré-fabricação. *Revista Docomomo Brasil*, v. 5, n. 7, 2022, pp. 99–118.

NIEMEYER , Oscar. CEPLAN: Centro de Planejamento Universidade de Brasília. *Módulo*, v. 8, n. 32, 1963, pp. 25–31.

OLIVEIRA, Francisco de. Crítica à razão dualista [1972]. In: *Crítica à razão dualista, O ornitorrinco*. São Paulo: Boitempo, 2013, pp. 25–119.

OLLERTZ, Aline. Morte e vida de uma revista de arquitetura. *Vitruvius*, v. 6, n. 071.01, 2007, on-line.

OSHIRO, Flávio Yutaka; MARI, Marcelo. Sergio Rodrigues no canteiro experimental da Universidade de Brasília. In: Marcelo Mari (ed.). Sergio Rodrigues em Brasília 1956–1981. São Paulo: Olhares, 2023, pp. 12–33.

PEDROSA, Mário. Sergio Rodrigues: casa pré-fabricada e individual [1960]. In: *Arquitetura: ensaios críticos*. São Paulo: Cosac Naify, 2015, pp. 116–127.

PULHEZ, Magaly Marques. Tipo, indústria e produção habitacional. *Risco*, v. 15, n. 1, 2012, pp. 58–66.

RADIN, Jose Carlos; SALINI, Ademir Miguel. O Instituto Nacional do Pinho e a indústria madeireira no oeste catarinense. *Professare*, v. 4, n. 3, 2015, pp. 21–46.

ROSSO, Teodoro. Um imperativo inadiável: a industrialização da construção. *Acrópole*, n. 279, 1962, pp. 91–93, 131–133.

ROSSO, Teodoro. A pré-fabricação: objetivos e perspectivas. *Arquitetura IAB*, v. 4, n. 8, 1965, pp. 33–40.

SCHNAIDT, Claude. Esperança pré-fabricada [1964]. *Arquitetura IAB*, v. 4, n. 40, 1965, pp. 28–29.

[s.n.]. Casa de fibrocimento pode ser montada em 10 dias. *O Dirigente Construtor*, v. 4, n. 4, 1965, pp. 39–40, 43–44.

[s.n.]. Casa mínima sai pronta da fábrica. *O Dirigente Construtor*, n. 12, 1965, pp. 47–53.

[s.n.]. Casa pré-fabricada e individual. *Módulo*, v. 5, n. 4, 1961, pp. 26–29.

[s.n.]. Instituto Nacional do Pinho: Centro Industrial Jaguaré, *Acrópole*, v. 12, n. 141, 1950, pp. 225–228.

[s.n.]. Os arquitetos europeus e a industrialização da construção. *Arquitetura IAB*, v. 5, n. 45, 1966, pp. 25–30.

[s.n.]. Pré-fabricação: alguns aspectos em discussão no IAB,. *Arquitetura IAB*, v. 2, n. 40, 1963, pp. 19–23.

[s.n.]. Pré-fabricação pesada dá casa montada em cinco horas. *O Dirigente Construtor*, v. 3, n. 4, 1967, pp. 22–24, 26.

[s.n.]. Residência Eternit. *Acrópole*, v. 28, n. 332, 1966, p. 22.

[s.n.]. S.HRU. Sem. de habitação e reforma urbana. *Arquitetura IAB*, v. 2, n. 8, 1963, pp. 17–24.

[s.n.]. Uma casa em 8 horas. *O Dirigente Construtor*, v. 1, n. 1, 1965, pp. 47–50.

[s.n.]. Voltam (industrializadas) as casas pré-fabricadas da OCA. *Arquitetura IAB*, v. 4, n. 40, 1965, pp. 42–43.

VASCONCELLOS, Augusto Carlos. *O concreto no Brasil: pré-fabricação, monumentos, fundações*. São Paulo: Studio Nobel, 2002.

VASCONCELLOS, Juliano Caldas de. A pré-moldagem brasileira e o lado B das obras de Oscar Niemeyer em Brasília. *4º Seminário Docomomo Sul: O moderno e reformado: debatendo o projeto do B. 1920–2019*. Porto Alegre: Docomomo, 2019, [s.p.].

YRAOLA, Fernando Aguirre de. A coordenação modular e a industrialização da construção. *Arquitetura IAB*, v. 6, n. 57, 1967, pp. 12–14

Lelé e a subversão da pré-fabricação

Sergio Kopinski Ekerman

Introdução

Ainda que defendidos como solução dos 'males' em canteiros de obras de países como o Brasil, processos construtivos pré-fabricados não são, por si só, promessa de edifícios melhores e mais rapidamente construídos, ou de canteiros de obra mais justos e socialmente avançados. Bem sabemos que, para a produção da arquitetura e das cidades, a pré-fabricação nunca trouxe resultados análogos aos de outros setores industrializados, como o automobilístico ou o têxtil. Não obstante, inovações tecnológicas costumam atrair atenção e jogar cortina de fumaça sobre aspectos relevantes do debate, tornando difusa a perspectiva de observação sobre o tema. No campo da pré-fabricação em arquitetura, tema deste livro, alguns focos míopes têm se formado sobre os recentes avanços da indústria de fabricação digital, em frentes tais como a impressão tridimensional de casas e estruturas de concreto ou a produção de edificações por usinagem tridimensional em ferramentas de controle numérico por computador (CNC). No Brasil e no exterior, essas tecnologias representam a interface entre a produção industrial do século XXI e a construção civil, como novo capítulo de uma relação há muito discutida e que segue repleta de perguntas.

Que caminhos toma a pré-fabricação como processo de produção da arquitetura no século XXI? Quais são a escala e o alcance de uma pré-fabricação possível na América Latina hoje? A que e a quem servem tais processos? Novas habitações? Melhorias habitacionais? Infraestrutura? Intervenção e reciclagem de preexistências? Como isso se relaciona com o nosso contexto social e o mundo do trabalho na construção civil brasileira? E como a obra de João Filgueiras Lima (1932–2014), o Lelé, um dos mais reconhecidos e bem-sucedidos defensores da pré-fabricação para a arquitetura e a construção no Brasil, ajuda a responder tais questões? Que dificuldades e limites Lelé enfrentou no prosseguimento de seu projeto? Até onde pôde chegar e quais foram os agentes que o impediram de seguir adiante?

Essas são algumas das perguntas que tensionam este texto, derivado da tese que defendi no Programa de Pós-Graduação em Arquitetura e Urbanismo da UFBA em 2018.[1] Aqui procuro também maior aproximação com os escritos de Sérgio Ferro, protagonista da pesquisa *Translating Ferro / Transforming Knowledges of Architecture, Design and Labour for the New Field of Production Studies*, na qual estive envolvido como pesquisador afiliado entre 2020 e 2024.

A partir da observação das propostas de Lelé, caracterizadas pela inventividade e por uma atuação 'marginal', e realizadas, entre 1979 e 2010, em fábricas públicas, busco especular sobre as mudanças nos procedimentos produtivos da construção por meio da pré-fabricação. Meus interesses por essas propostas concernem sobretudo à produção habitacional, à assistência técnica e ao enfrentamento de características ainda presentes em canteiros de obra de países como o Brasil: condições precárias de trabalho, desigualdade, insegurança, baixo nível de aprendizado, pouco desenvolvimento tecnológico, 'baixa produtividade', 'altos custos' e desperdício.

Além do já mencionado Sérgio Ferro, convoco outros autores para a análise do contexto no qual a obra de Lelé se insere, tais como o arquiteto estadunidense Ian Terner, o arquiteto paulista Paulo Bruna, o engenheiro italiano radicado no Brasil Teodoro Rosso, o sociólogo e economista francês Benjamin Coriat e o engenheiro espanhol Julián Salas Serrano. Minha intenção é esclarecer o debate que embasou, pelo menos a partir dos anos 1970, as abordagens teóricas e práticas contrapostas àquelas que perseguiam um estágio supostamente inalcançado do processo de industrialização da construção e que insistiam na mecanização pesada, muitas vezes transformando a tecnologia

1 EKERMAN, *Tecnologia e transformação*, 2018.

em instrumento para a simples ampliação de lucros sem melhoria das condições de trabalho no canteiro, da qualidade arquitetônica e construtiva do produto final ou mesmo da condição de habitação de grande parte da população brasileira, seja nas cidades, seja no campo.

A pré-fabricação possível na América Latina

Lelé chegou ao canteiro de Brasília ainda em 1957, ano de início das obras da nova capital. Como arquiteto recém-formado e funcionário do Instituto de Aposentadorias e Pensões dos Bancários, executou os acampamentos e barracões em madeira para os canteiros da Superquadra 108 Sul. Distante da capital, com comunicação restrita e em condições difíceis, viu-se impelido a aprender a construir, rompendo a membrana isolante entre projeto e canteiro. Nunca mais deixou de compreender a produção como fundamento de sua arquitetura. A opção de Lelé pela pré-fabricação decorre da sua trajetória profissional que, desde os primeiros passos, foi marcada pelo desafio de racionalização do trabalho no canteiro, sempre enxergando a arquitetura como uma consequência direta do manejo dessas questões.

Se, nos anos 1960 e 1970, Lelé observou e experimentou processos de pré-fabricação pesada desenvolvidos no pós-guerra em regiões como o leste europeu e a URSS, mais tarde, nos anos 1980, realizou experimentos que se inseriram num debate iniciado na década anterior e fomentado por trabalhos teóricos e práticos com outro horizonte. Os autores mais proeminentes nesse debate buscaram, sobretudo, uma melhor adaptação daquelas tecnologias ao contexto sul-americano. Essa era a pauta quando Lelé desperta para a pré-fabricação leve e para as possibilidades de industrialização da chamada argamassa armada, adaptando técnicas que haviam sido trazidas ao Brasil por Pier Luigi Nervi nos anos 1950 e, depois, desenvolvidas na Escola de Engenharia da USP de São Carlos.

O retorno a alguns textos da década de 1970 permite vislumbrar a discussão da pré-fabricação nos campos da arquitetura e da engenharia daquele período. Neles há questionamentos dos paradigmas sempre associados à pré-fabricação pesada em arquitetura, e, por isso mesmo, eles oferecem combustível para o debate atual. Adicionalmente, sua leitura ajuda a compreender o movimento em que a produção de Lelé se insere no contexto nacional e internacional, e como, à diferença de projetos célebres como o de Moshe Safdie para a EXPO 67, ela se tornou referência para uma concepção de arquitetura fundada mais na *produção* do que no *produto*. É o canteiro que dita como a arquitetura será, não o inverso.

No campo teórico, os referidos textos contrastam com obras bastante difundidas no Brasil até hoje, tais como *Arquitetura, industrialização e desenvolvimento*, livro editado a partir da tese de doutorado que Paulo Bruna concluiu na USP em 1972. Bruna sustenta uma visão mais convencional do tema: defende a ampla adoção da pré-fabricação pesada em concreto armado para o desenvolvimento da indústria nacional da construção civil, tomando por pressuposto o binômio "mecanização + racionalização". A pré-fabricação é, para ele, apenas a fase inicial de um processo de industrialização mais amplo a alcançar. À diferença da pré-fabricação, a industrialização estaria "essencialmente associada aos conceitos de organização e de produção em série, os quais deverão ser entendidos analisando de forma mais ampla as relações de produção envolvidas e a mecanização dos meios de produção".[2] Bruna também faz observações sobre condições econômicas mais abrangentes, o que, em

2 BRUNA, *Arquitetura, industrialização e desenvolvimento*, [1976] 2002, p. 19. O texto conta com prefácio datado de dezembro de 1972 e consta no repositório da USP com data de 1973. Foi publicado pela Editora Perspectiva em 1976 e reeditado em 2002.

conjunto com os conceitos acima destacados, dão margem à noção de 'atraso'. Assim, ele percebe os processos pré-fabricados como lacunares, incapazes de dar conta das reais necessidades da industrialização da construção civil, industrialização essa que, por sua vez, seria o único caminho para enfrentar o subdesenvolvimento da indústria nacional. O problema "resume-se em grande parte a uma adequação do ritmo de introdução tecnológica à capacidade de acumulação do capital e de criação de empregos, dentro do panorama geral do processo de desenvolvimento econômico".[3] Impõe-se, assim, um paradigma: somente estabelecidas tais condições, poderemos avançar com a modernização da construção civil, industrializando-a.

Cabe mencionar que, mais recentemente, esse paradigma tem sido ressuscitado pelo progresso da produção auxiliada por computador (*computer aided manufacturing*, CAM). 'Agora, sim, agora podemos imprimir casas 3D pré-fabricadas e resolver o problema da habitação' — eis o que dizem, como se até hoje não tivéssemos dominado tecnologias para produzir rápido e em quantidade. Ora, é evidente que não se trata de um problema tecnológico.

No mesmo ano em que Bruna finalizava a sua tese, 1972, John F. C. Turner e Ian Donald Terner — seu colaborador nas pesquisas sobre a produção habitacional autoconstruída — caminhavam na direção oposta. Em janeiro, concluíram o relatório "Industrialized housing: the opportunity and the problem in developing areas", encomendado pela United States Agency for International Development (USAID), do qual depois derivou o capítulo da coletânea *Freedom to build* assinado por Terner: "Technology and autonomy". Esse texto é uma reflexão sobre a conjunção de "*dweller control*" (controle do morador) e industrialização da construção, isto é, sobre a autoconstrução com assistência técnica, utilizando o instrumento da pré-fabricação. Terner descreve

3 Ibidem, p. 127.

um longo estudo de caso sobre a experiência malsucedida da instalação de uma fábrica complexa e centralizada de componentes pré-fabricados pesados num país da América Latina, da inauguração à bancarrota, sustentando que, em regiões pobres e com problemas de infraestrutura, a alta especialização do processo industrial corre riscos de ordem energética e de transportes, dentre outros.

Terner sintetiza o processo industrializado em quatro estágios: (1) sistematização e estandardização dos produtos; (2) especialização do trabalho; (3) concentração da produção e marketing; e (4) mecanização da produção.[4] A partir daí, ele argumenta que, como apoio à autoconstrução, cabe adotar uma industrialização *parcial*, rica na criação de sistemas de produtos e especialização do trabalho, mas com produção descentralizada e mecanização limitada. Ele descarta, portanto, os esforços e riscos da criação de uma infraestrutura pesada de pré-fabricação. Na sua opinião, isso equivaleria apenas a "[c]onstruir ou importar plantas de fabricação grandes, sofisticadas e dispendiosas que consistentemente não conseguiram resolver os problemas de escassez aguda de habitação".[5] E ele acrescenta:

> Perseguir o mito de que os módulos de habitação industrialmente produzidos em massa podem reduzir significativamente os custos e, de alguma forma, reduzir o déficit no fornecimento mundial de acomodações seguras e decentes tem, em muitos casos, conduzido diretamente ao resultado oposto — a piora de condições de habitação.[6]

Enquanto Bruna chega a afirmar que os investimentos necessários à industrialização da construção só se amortizariam caso se pudesse "garantir [...] continuidade de

4 TERNER, Technology and autonomy, 1972, p. 216.

5 Ibidem, p. 201.

6 Ibidem, p. 201.

trabalho nos canteiros industriais" e "diminuir as variações na composição da demanda",[7] Terner argumenta que "[c]omponentes produzidos em massa que são leves, baratos e fáceis de manusear — e que podem ser facilmente utilizados por autoconstrutores — têm, potencialmente, um impacto muito maior do que os componentes que devem ser manipulados por construtores e empreiteiros experientes".[8] Ele sustenta que uma "agenda de inovações" nesse setor estaria ligada ao desenvolvimento tecnológico de sistemas (1) de estrutura-envelopamento, (2) de água e esgoto, (3) de energia e (4) de fundações. "Independentemente do grau de industrialização, a tendência de módulos embalados ou pré-montados deve ser revertida, e uma estratégia altamente componentizada deve ocupar seu lugar".[9] Terner recomenda o que chama de "tecnologia intermediária parcialmente industrializada", sugerindo "o abandono de investimento pesado, estratégias de alto risco para a industrialização completa nas áreas em desenvolvimento e um novo foco no conceito de mais baixo risco de processos de manufatura parcialmente industrializados, baseados primariamente em sistematização e especialização do trabalho".[10] Trata-se de um esquema em que seriam abandonadas tanto a fase de concentração da produção e do marketing quanto a fase de mecanização da produção.

Em *O canteiro e o desenho*, Sérgio Ferro questiona em termos semelhantes os processos de pré-fabricação e mecanização. Embora reconheça o potencial dessa tecnologia para mitigar certos aspectos nocivos da "manufatura serial [orgânica]" do canteiro, ele reforça que a construção não deixa, por isso, de ser manufatura. Ela apenas se converte em "manufatura heterogênea".

7 Bruna, *Arquitetura, industrialização e desenvolvimento*, [1976] 2002, pp. 142–143.

8 Terner, Technology and autonomy, 1972, p. 223.

9 Ibidem, pp. 228–236.

10 Ibidem, p. 236.

> Não é a mesma coisa somar tijolos ou montar painéis, malaxar o concreto no canteiro ou recebê-lo pronto, preparar as fôrmas no local de utilização ou construí-las em galpão. Nada disso, entretanto, justifica as exclamações de industrialização a cada aumento das dimensões ou da quantidade dos guinchos, da pré-fabricação. A transformação da manufatura em indústria, se chegar ao canteiro, pressupõe ruptura mais funda.[11]

Para Ferro, as experiências realizadas pelo grupo Arquitetura Nova nos anos 1960 evidenciaram as lacunas tecnológicas e as dificuldades operacionais de uma manufatura heterogênea da construção no Brasil daquela época. O cenário é análogo ao descrito por Terner e enfrentado por Lelé ao longo de sua trajetória profissional.

Esse cenário da produção pré-fabricada foi também o campo de atuação do engenheiro Teodoro Rosso, que, em 1969, fundou o Centro Brasileiro da Construção, uma referência no campo da pré-fabricação e uma aposta na iniciativa privada como investidora e viabilizadora da industrialização da construção com vistas ao seu desenvolvimento por meio da pré-fabricação pesada em concreto e da coordenação modular.

> Baixo rendimento operacional da indústria da construção pode ser imputado a vários conjuntos de fatores negativos, a saber: dispersão e independência nas decisões (variabilidade e descentralização); descontinuidade e fragmentação na produção; baixa produtividade da mão de obra; e elevado desperdício de materiais. Isto posto, não teria sentido tentar transformar a construção numa indústria na acepção mais correta da palavra, sem antes definir em termos rigorosamente racionais a inter-relação entre arquitetura e indústria.[12]

11 FERRO, O canteiro e o desenho, [1976] 2006, p. 113.

12 ROSSO, *Racionalização da construção*, 1980, p. 44.

No texto "Qualidade e economia da habitação", apresentado no *Simpósio sobre o barateamento da construção habitacional*, em Salvador em 1978, Rosso admite que a "construção direta" continuaria a desempenhar um papel importante no setor destinado a usuários de baixa renda, levantando ao mesmo tempo a necessidade de apoiar a autoconstrução com assistência técnica e de apoiar os autoconstrutores mediante o fornecimento — pelos depósitos de material de construção — de conjuntos de componentes leves e industrializados, de fácil associação,[13] tal como de fato acontece com a laje tipo volterrana, os blocos de cimento, as esquadrias de alumínio etc.

A busca por uma compreensão dos limites da pré-fabricação e da industrialização da construção é também tônica de trabalhos como o do sociólogo francês Benjamin Coriat. Em "Processo de trabalho tipo canteiro", de 1983, ele destila as diferenças entre a industrialização numa fábrica convencional e num canteiro de obras. Coriat destaca que, na grande seriação — por exemplo, na indústria automobilística —, não apenas o produto é padronizado, como também cada um dos milhares de componentes o é, assim como o são os modos de reunião e montagem dos subconjuntos particulares. Já no canteiro, mesmo quando falamos de uma obra pré-fabricada, a produção se faz sob múltiplas dimensões de variabilidade, como terreno, clima, topografia e transporte. Isso pressupõe distinguir entre indústrias na forma-fábrica e na forma-canteiro. Nessa última, o ritmo de execução do trabalho é variável, o que é chave para estabelecimento dos custos da produção.

Nesse sentido, Terner, Ferro, Coriat e mesmo Rosso buscam uma perspectiva diferente daquela de Bruna, observando as idiossincrasias do canteiro de obras e da produção da arquitetura, do urbanismo e da engenharia. Eles admitem a necessidade de arranjos e interpretações 'dissonantes'

13 ROSSO, Qualidade e economia da habitação, 1978, p. 10.

para lidar com os desafios específicos da industrialização da construção e rejeitam a noção de 'atraso' como algo inerente a tal contexto na América Latina.

Esse olhar sobre a pré-fabricação parece se consolidar no conceito de "industrialização possível", cunhado pelo engenheiro espanhol Julián Salas Serrano no relevante manual *La industrialización posible de la vivienda latinoamericana*. Nesse texto, Salas articula diferentes experiências e visões tecnológicas em favor da ideia de uma industrialização limitada, que seria mais adequada para o enfrentamento das demandas habitacionais e de infraestrutura no chamado Sul global, especialmente na América Latina. Doutor em engenharia industrial pela Universidade Politécnica da Catalunha, Salas argumenta que poucas ideias construtivas são tão úteis para lidar com a escala do problema habitacional quanto a da racionalização, mas, além de suas potencialidades, também aponta seus defeitos e limites. Ele defende a "industrialização possível" como alternativa ao que chama de "industrialização sutil", isto é, a "utilização massiva de partes produzidas industrialmente em série, que aportam partes de valor adicionado de procedência industrial jamais conseguidas na construção, que se incorporam às obras com uma decidida vocação de racionalização, mas que arrastam a marca pendente de responder a projetos ainda distantes do espírito da indústria".[14] Segundo Salas, a industrialização sutil caracteriza as experiências de vanguarda no primeiro mundo; conhecê-las e aprender com elas será sempre recomendável e plausível, desde que não esqueçamos que a América Latina não é primeiro mundo, e sim periferia do capitalismo. No cerne da "industrialização possível", Salas vê um conjunto de tecnologias intermediárias, parciais, que avançam em determinados aspectos da racionalização, tais como preconizados também por Terner.

14 SALAS SERRANO, *La industrialización posible de la vivienda latinoamericana*, 2000, p. 267.

A industrialização da argamassa armada desenvolvida por Lelé e sua equipe é um exemplo disso.

Pedro Arantes, num texto contemporâneo ao de Salas, aborda o mesmo conceito ao descrever a racionalização e os processos de pré-fabricação nos mutirões por ajuda mútua em São Paulo nos anos 1990. Ele lembra que os arquitetos assessores desses mutirões pensam o "aumento de produtividade não pela ampliação da exploração ou pela redução da qualidade da obra, como acontece no canteiro tradicional, mas por um enorme esforço de racionalização das técnicas populares, e, algumas vezes, no sentido da valorização de uma 'técnica modificadora', nos termos de Sérgio Ferro".[15] Arantes menciona especialmente as pequenas usinas de pré-moldados de argamassa armada instaladas em canteiros autogeridos em São Paulo, chamando a atenção sobre como estabelecem a régua para uma "industrialização possível" na construção habitacional.[16]

Várias outras experiências que foram iniciadas na década de 1970 e avançaram pelas décadas de 1980 e 1990 apontam no mesmo sentido: a FUCVAM (Uruguai), o PREVI (Lima), o mutirão de Vila Nova Cachoeirinha (São Paulo), os mutirões coordenados pela USINA CTHA ou os módulos SERF (Cuba). Tais como o experimento de Lelé, eles criaram dissonâncias que concretizam o campo da "industrialização possível" na América Latina, correspondendo também a uma perspectiva menos alienada da economia política que determina as relações de trabalho no capitalismo e, consequentemente, determina boa parte das distorções nos canteiros de obra em geral.

15 ARANTES, *Arquitetura Nova*, 2002, pp. 213–214.

16 Ibidem, p. 214.

A manufatura heterogênea de Lelé

Embora não haja correlação direta da obra de Lelé com os escritos acima mencionados — exceto pelo texto de Julián Salas Serrano, do qual ele é coeditor —, o seu movimento rumo à pré-fabricação leve indica adesão a esse debate. Lelé vinha usando argamassa armada havia alguns anos, mas iniciou experiências mais estruturadas com essa tecnologia a partir da Companhia de Renovação Urbana de Salvador (RENURB), em 1979. Sua opção pela argamassa armada derivou, justamente, do esforço para reduzir a mecanização da produção, tornando a pré-fabricação em concreto mais leve e permitindo que o transporte das peças fosse feito sem guindastes e gruas, particularmente nas obras de melhoria nos bairros do Vale do Camurujipe, em Salvador.

À RENURB se seguiu, nos anos de 1982 e 1983, o trabalho de Lelé em Abadiânia, uma cidade de dezessete mil habitantes no interior de Goiás, para onde ele havia sido levado por dois amigos próximos dos tempos da UnB, Edgard Graeff e Frei Mateus Rocha. Em Abadiânia, Lelé "não se limitou à elaboração de projetos de equipamentos sociais e pequenas obras de infraestrutura urbana — antes verificou-se sua atribuição central no nível do planejamento municipal ao desenvolver um esboço de Plano Diretor da cidade, a partir de uma leitura minuciosa do território, da sua inserção regional e caracterização socioeconômica".[17]

Nesse espírito, Lelé realizou o projeto mais destacado de sua passagem por Goiás: a escola transitória de modelo rural. Ela foi uma reinterpretação e superação dos projetos de escola da RENURB, ao mesmo tempo que lançou as bases para a sua produção posterior, isto é, os edifícios de atendimento à educação básica em experiências no Rio de Janeiro, em Salvador e — mais tarde, em nível nacional — nos Centros Integrados de Atendimento à Criança (CIAC), assim

17 VALE, *João Filgueiras Lima (Lelé)*, 2016, p. 192.

como nos equipamentos de saúde, associação comunitária, mobilidade e conexão urbana construídos pelo arquiteto.

O objetivo da fábrica de Abadiânia foi a produção, em argamassa armada, da referida escola transitória, cujo protótipo havia sido construído em madeira. As condições rurais de Abadiânia definiram uma unidade de produção mais simples, menor e menos mecanizada do que aquela da RENURB. As fotos de arquivo mostram um galpão relativamente rudimentar e apenas dois tanques de cura, assistidos por uma talha de pequeno porte para içamento das peças. No entanto, Lelé contava com a proximidade de Brasília e o apoio de empresas como a metalúrgica Irmãos Gravia, com a qual trabalhara desde os anos 1970 e com que continuou trabalhando até seus últimos projetos (como o Beijódromo, sede do Instituto Darcy Ribeiro). Assim, Abadiânia se tornou o lugar de desenvolvimento de processos mais precisos de corte e dobra das chapas para as fôrmas, permitindo fabricar, por exemplo, pilares de reentrâncias delicadas e vigas

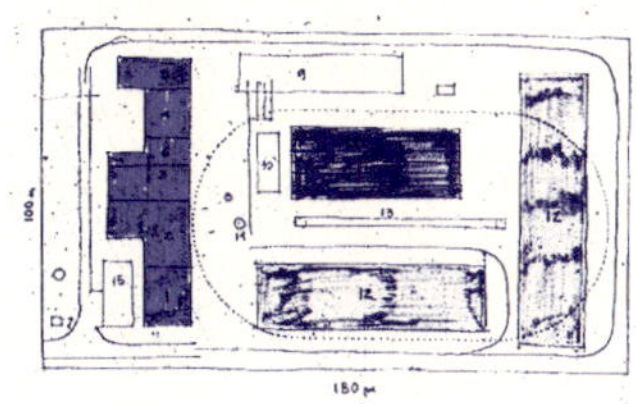

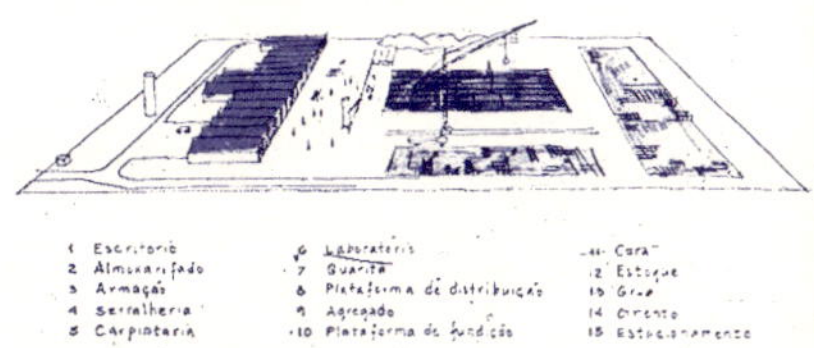

Fábrica de Abadiânia, Goiás, 1983. (Acervo do Instituto João Filgueiras Lima.)

de alma reduzida ao mínimo. Além disso, as fôrmas mais precisas proporcionavam às peças o acabamento condizente, na aparência e no funcionamento, com as exigências de uma edificação escolar.

Justamente o caráter comunitário e pouco sofisticado da fábrica de Abadiânia faz dela uma referência. Em contraposição à grande indústria de comando centralizado, ela abre uma perspectiva de autonomia e autogestão, sem que isso implique ausência de relação com o setor produtivo privado (como mostra a parceria com a metalúrgica Gravia). Os trabalhadores que aparecem nas fotografias, dentro dos tanques de cura e sem uniforme, permitem imaginar a relação que ali havia entre produção industrial e ajuda mútua.

> A fabriqueta de pré-moldados ocupava cerca de trinta operários, conta João da Irene. Se você chegasse lá a qualquer hora e olhasse para aqueles homens, não saberia dizer quem era peão e quem era arquiteto. Lelé era carpinteiro, era armador, fazia de tudo. E, muitas vezes, íamos dormir lá pelas duas da manhã.[18]

Abadiânia guarda, assim, uma espécie de paradoxo tecnológico. Embora tenha sido uma das fábricas mais simples que Lelé construiu, foi o local de aperfeiçoamento de fôrmas sofisticadas, que seriam utilizadas e aprimoradas nos empreendimentos posteriores — e muito mais conhecidos — em Salvador e no Rio de Janeiro. Foi em Abadiânia que surgiram peças de grande engenho produtivo, como as vigas de perfil Y. E foi em Abadiânia que Lelé elaborou a cartilha *Escola transitória: modelo rural*, que pode ser considerada um símbolo do investimento no desenho *da* produção, não *para* a produção. Nela se encontra, traduzido em desenhos de fácil entendimento para o leigo, todo o processo de montagem da escola de um pavimento inventada por

18 [s.n.], Utopia viva de Lelé, 2014, on-line.

Lelé para lidar com as demandas sazonais das comunidades rurais de Goiás.

Fábricas como a de Abadiânia e o processo de produção arquitetônica ali perseguido alinham-se à ideia de "cooperação simples desenvolvida" que Ferro discute em *Construção do desenho clássico* para elucidar o tipo de cooperação praticado em canteiros da Idade Média: pouco hierarquizada e, ao mesmo tempo, muito sofisticada. Nos anos 1980, Lelé experimentou, em alguma medida, a formação de um trabalhador coletivo e autônomo, tal como Ferro o vê em contextos pré-capitalistas. É o momento em que ele compreende e concretiza formas dissonantes do fazer, buscando, com ajuda da tecnologia, outras relações de produção e organização do trabalho, e indicando um caminho para o enfrentamento de desafios da sociedade brasileira por meio da arquitetura e do urbanismo.

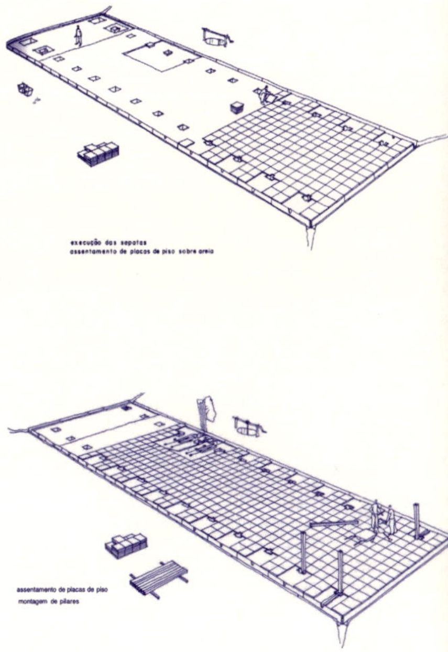

Desenhos de Lelé para o canteiro e o método de produção da escola transitória rural de Abadiânia, ca. 1984. (João Filgueiras Lima. *Escola transitória: modelo rural*. Brasília, MEC/CEDATE, 1984, p. il.)

Os principais empreendimentos de Lelé depois da experiência em Abadiânia foram a fábrica de escolas do Rio de Janeiro, encomendada por Darcy Ribeiro durante o governo de Leonel Brizola, e a Fábrica de Equipamentos Comunitários de Salvador, (FAEC, 1985–1989), na gestão do prefeito Mário Kertész. Em 1989, com o fim da FAEC e a transferência de seu espólio para a Companhia de Desenvolvimento Urbano da Cidade de Salvador (DESAL), Lelé passou a se dedicar à montagem do Centro de Tecnologia da Rede Sarah Kubitschek (CTRS) e à produção dos hospitais dessa rede comandada pela Associação das Pioneiras Sociais (APS). Embora ele tenha expressado inúmeras vezes o desejo de se engajar novamente em áreas carentes, esse plano restou adiado.

O CTRS, inaugurado em 1994, correspondeu à fase mais importante e diversificada do trabalho de Lelé com a pré-fabricação. Ele pôde projetar e construir soluções integradas e moduladas em regime de 'ciclo fechado', unindo elementos fabricados no próprio Centro a outros materiais industrializados, tais como revestimentos cerâmicos e vinílicos. Com os hospitais construídos pelo CTRS, a proposta de Lelé alcançou abrangência nacional e se tornou referência de eficiência no setor da construção civil, uma vez que as obras custavam menos, eram mais rápidas e tinham qualidade de execução muito melhor do que outras obras produzidas a partir de licitações e processos construtivos convencionais.

Paralelamente à construção dos hospitais, o CTRS empreendeu, entre 1996 e 1998, o "esforço para desenvolver e construir projetos que também estivessem fora da esfera de encomendas da Associação das Pioneiras Sociais".[19] Em menos de um ano e meio, a equipe construiu oito edifícios-sede regionais do Tribunal de Contas da União (TCU). Todos esses edifícios, de notável qualidade arquitetônica e construtiva, foram pré-fabricados em Salvador e montados nessa mesma cidade, assim como em Maceió, Aracajú, Natal, Belo Horizonte, Vitória, Teresina e Cuiabá. No entanto, um obstáculo de ordem burocrática pôs fim a esse ciclo. As obras haviam sido implementadas por meio de convênios entre o TCU e a APS, e, em 2000, o TCU decidiu auditar os respectivos processos. Em debates internos, concluiu que os convênios feriam a lei de licitações e que deveriam ser encerrados, o que impediu novos atendimentos de órgãos e autarquias federais pela APS/CTRS. Em 2002,

19 RISSELADA & LATORRACA, *A arquitetura de Lelé: fábrica e invenção*, 2010, p. 191.

o então ministro da cultura, Gilberto Gil, consultou o TCU acerca da possibilidade de construção, pelo CTRS e sem licitação, das chamadas Bases de Apoio à Cultura. O TCU respondeu que:

> A arguição de que o CTRS detém tecnologia de alto padrão de qualidade e de baixo custo de construção não é suficiente para justificar que haveria um interesse público maior na celebração de convênios com a APS, fundado na agilidade e na economicidade dos serviços prestados por esta, até porque há outros princípios tutelados constitucionalmente, como o da licitação, que visa proporcionar a contratação mais vantajosa para a Administração e a isonomia de oportunidades entre os potenciais prestadores de serviço. [...] Tecnologias de construção econômicas, racionais, de baixo-custo, de alto padrão de qualidade, ou com qualquer outra adjetivação que se queira classificá-las, existem várias. O método construtivo do CTRS baseia-se, conforme informado no anteprojeto encaminhado, na utilização de painéis e elementos construtivos de argamassa armada e de componentes metálicos. Tais técnicas e elementos construtivos são de ampla difusão, conhecimento e domínio na engenharia civil. Seguramente, o CTRS não detém nenhuma tecnologia que pudesse justificar, por sua economicidade e rapidez intrínsecas, hipóteses de afastamento da necessidade de licitação. A tecnologia construtiva é premissa para a definição do projeto básico e é escolhida de acordo com diversas variáveis, de finalidade, ambientais, de engenharia, econômicas, de localização, de disponibilidade de materiais e de mão de obra qualificada etc.[20]

O relatório embasou o voto final do plenário contra a solicitação do ministro Gil e enterrou de vez a possibilidade

20 TRIBUNAL DE CONTAS DA UNIÃO. TC 017.914/2003-5 – Grupo I – Classe III – Plenário, 2003.

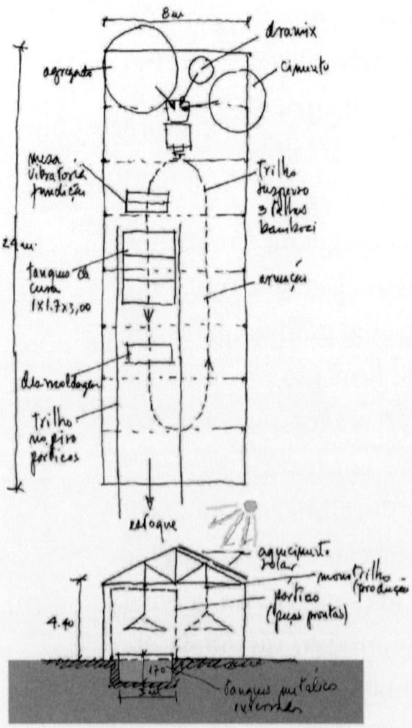

Desenho de Lelé para o esquema de funcionamento da miniusina de argamassa armada nos canteiros do PMCMV no bairro de Pernambués, Salvador, ca. 2010. (Acervo do Instituto Brasileiro de Tecnologia do Habitat.)

de o CTRS prosperar junto ao setor público. Ele mostra o desconhecimento dos aspectos tecnológicos ali envolvidos e uma leitura equivocada do CTRS como ameaça ao setor privado da construção civil, refletindo os interesses das chamadas 'condições gerais de produção' e sua 'mão forte' sobre a prática de Lelé. Dada a sua escala, ela poderia sim ser uma referência a perseguir e uma instância transformadora do *modus operandi* de obras públicas no Brasil.

Desarticulado o CTRS, Lelé se engajou, em 2010, na criação do Instituto Brasileiro de Tecnologia do Habitat (IBTH). O objetivo era constituir uma fábrica de edifícios e um polo educacional, trabalhando em encomendas para o Estado, mas com certa autonomia. Uma de suas motivações iniciais foram os estudos de Lelé no âmbito do Programa Minha Casa Minha Vida (PMCMV),[21] encomendados diretamente pela Presidência da República na gestão de Dilma Rouseff. No entanto, para a grande frustração de Lelé, também essa iniciativa enfrentou obstáculos burocráticos e econômicos, até ser definitivamente encerrada em 2012.

Os projetos de Lelé e da equipe do IBTH no bairro de Pernambués e em Cajazeiras deveriam funcionar como protótipos para a implementação de uma nova lógica na produção de arquitetura e urbanismo do PMCMV, operando com

21 Cf. BARAVELLI, *Trabalho e tecnologia no programa MCMV*, 2014.

o princípio da industrialização com pré-fabricados leves para construir habitações próximas a áreas autoconstruídas. Segundo Lelé:

> Nunca houve, nesse processo de industrialização do Sarah, uma oportunidade de a gente atingir uma economia de escala como, por exemplo, foi proposto para o Minha Casa, Minha Vida. Ali, eu acho, nós tínhamos uma proposta que, se fosse adotada, ia atingir uma economia de escala bem razoável, podíamos chegar à metade dos custos com uma qualidade muitíssimo melhor, inclusive de conforto. Mas essa oportunidade de economia de escala eu nunca tive em arquitetura, mesmo com a pré-fabricação pesada, ela por si só não dá essa oportunidade, e eu acho que, para atingir e desenvolver uma economia de escala, tem que ser realmente um programa que justifique, para a habitação.[22]

Para o projeto de Pernambués, Lelé propôs edificações habitacionais de dois tipos, para uma população de 1.644 moradores. O primeiro tipo conformava 240 apartamentos, em prédios de quatro pavimentos sem elevador, com unidades de 39,6m^2 e programa conforme às regras da Caixa Econômica Federal. O segundo era de casas geminadas, que ocupariam a parte mais acidentada do terreno e, a partir de um módulo térreo de 32,8m^2, permitiriam ampliação para até quatro pavimentos, inspirando-se "na própria cultura de ocupação existente nas favelas da cidade em que cada unidade se amplia verticalmente para se ajustar a eventuais mudanças do respectivo programa familiar".[23] O acesso às unidades implantadas na encosta seria feito por dois planos inclinados, similares aos que fazem a conexão entre o CTRS e o Hospital Sarah, em Salvador.

22 Apud OLMOS & CORDIVIOLA, L'Humain au cœur de la fabrique architecturale, 2013, p. 62.

23 IBTH, Urbanização de Pernambués, 2012, p. 2.

Para a construção e a ampliação das moradias, Lelé previu a utilização da argamassa armada em paredes e pré-fôrmas de laje. Seriam produzidas numa miniusina instalada nas proximidades do canteiro, reduzindo os custos de transporte desses elementos, cujo peso era limitado a setenta quilos. No entanto, também essa proposta ficou no papel. Foi vencida pela burocracia, pela resistência do sistema financeiro, pelo lobby do setor da construção e pela incapacidade do governo de apoiar uma iniciativa não convencional.

A meu ver, o aspecto mais relevante da proposta de Lelé para o PMCMV consiste na ideia da miniusina de argamassa armada. Ela é como uma interseção entre as experiências de Abadiânia e do CTRS: em escala e método de produção, assemelha-se à primeira; em estrutura e eficácia, à segunda. Instalada num galpão de duzentos metros quadrados, permitiria um fluxo contínuo das fôrmas — penduradas em talhas e pórticos metálicos — desde o setor de armação, passando pela produção de argamassa e enchimento/vibração, pelos tanques de cura e pela mesa de desmoldagem. A concepção da miniusina sugere uma estrutura favorável não apenas ao crescimento paulatino das habitações previsto na proposta, mas também a interações com a comunidade não explicitadas pelo próprio Lelé, tais como obras em regime de mutirão com assistência técnica, produção de elementos construtivos para outros canteiros (ou seja, em ciclo aberto) e incorporação do caráter pedagógico a que Lelé dava grande importância e que conseguiu concretizar em Abadiânia. Entendo a proposta da miniusina como um equipamento com amplas possibilidades, seja para a construção de novas unidades, seja para intervenções de melhorias urbanas ou habitacionais. Ela é, enfim, uma síntese exemplar dos esforços de Lelé em prol do que seria uma "industrialização possível" em contextos como o do Brasil.

Lelé, um arquiteto hacker

A trajetória ao mesmo tempo diversa e peculiar de Lelé oferece contribuições significativa à arquitetura e ao urbanismo brasileiros, em especial pela sua visão singular da pré-fabricação em diversas escalas, dissonante da maneira como ela costuma ser abordada no campo da construção civil. Implementando fábricas públicas de edifícios, Lelé criou um conjunto de ferramentas para atuar na transformação da cidade e do território a partir da construção. Nos casos específicos de Salvador, de Abadiânia e do Rio de Janeiro na década de 1980, e na proposta posterior para o PMCMV, o trabalho de Lelé resulta do cruzamento de uma leitura arguta das condições geográficas, sociais, econômicas e políticas com os desafios tecnológicos implicados em cada situação. Ele soube costurar planejamento urbano e políticas de não erradicação de bairros populares mediante alternativas tecnológicas, destacando-se as fôrmas metálicas para peças pré-fabricadas leves de argamassa armada e as usinas de produção como instâncias práticas e simbólicas do papel potencialmente transformador da arquitetura. As fôrmas e a industrialização de pré-fabricados leves são também representativas do encontro entre produção industrial e artesanal na sua obra. Lelé conseguiu unir a repetição racionalizada ao apreço pelo trabalho, pelo detalhe construtivo e pelo desempenho técnico dos sistemas projetados e dos edifícios prontos, sintetizando o desenho *da* produção, contraposto, nos termos de Sérgio Ferro, ao desenho *para* a produção.[24]

Testando e comprovando na prática, mais do que na teoria, as possibilidades de adaptar tecnologias ao contexto brasileiro, Lelé oferece uma perspectiva sólida da *industrialização possível*. As fábricas e os canteiros que geriu se caracterizam por uma organização do trabalho em que a ótica dos

24 FERRO, *A história da arquitetura vista do canteiro*, 2010, p. 59.

operários tem peso próprio. Sobretudo na fábrica de Abadiânia e na experiência da escola transitória rural, menos 'totalizantes' do que os trabalhos nas grandes capitais, arquitetura e engenharia adquirem significados pedagógicos e emancipatórios talvez inéditos no Brasil. Soluções como as suas implicam desafiar as convenções que regem a atuação dos construtores e as tecnologias correlatas, para abraçar um paradigma alternativo ou uma espécie de subversão característica da cultura hacker.

Como explicam os estudiosos do assunto, o ato de 'hackear' está mais relacionado "à imaginação, aos usos criativos da tecnologia e à nossa habilidade de comentar a cultura, do que a qualquer ferramenta, computador ou mecanismo".[25] Hackear uma tecnologia corrente é, também, subverter essa tecnologia.

> [...] o estereótipo do vilão online não representa adequadamente os hackers. Para os vilões, foi inclusive criada a palavra cracker, para identificar esses criminosos cibernéticos, que não têm nada a ver com o jeito hacker [...]. Portanto, a única forma de combater a marginalização do termo hacker é a população receber informações sobre o assunto e ser educada para não vê-los como terroristas virtuais, mas, sim, como um grupo de pessoas em busca da construção coletiva do conhecimento.[26]

O jeito hacker de trabalhar é essencialmente criativo, baseado na colaboração e no desapego do trabalho individual. Ele produz conteúdos abertos, passíveis de intervenção por colegas, colaboradores e até pessoas desconhecidas que atuam numa rede comum. Um 'arquiteto hacker' é, portanto, alguém que compartilha e democratiza visões,

25 THOMAS, *Hacker culture*, 2002, p. 5.

26 PRETTO, *Educações, culturas e hackers*, 2017, p. 37.

conhecimentos e ações concernentes à tecnologia construtiva, estimulando e provocando o engajamento colaborativo.

Lelé se tornou arquiteto hacker quando decidiu subverter o pré-fabricado pesado convencional para se engajar especificamente em favelas e áreas congêneres. Desde então, viu a tecnologia por um prisma social e humano, raramente igualado por profissionais de sua geração ou de gerações posteriores. Mais que sua obra propriamente dita, talvez seja esse seu maior legado. Como diz Heliodório Sampaio, "[n]o contraponto de considerações sobre a arquitetura-mercadoria, as formas-moda e as utopias das vanguardas é que, talvez, se possa melhor avaliar o lugar de Lelé nesta relação entre arquitetura e cidade; seja como método de trabalho, seja na atitude profissional frente às necessidades urbanas reais, concretas".[27]

Assim, entendo que, neste segundo quarto do século XXI, cabe alimentar o debate sobre pré-fabricação e industrialização da construção com algumas propostas, em parte defendidas já nos anos 1970 por autores como Terner e Turner, e agora passíveis — mas não dependentes — de incremento a partir de ferramentas e processos digitais.

(a) *Pré-fabricação como forma de pensar*

Pré-fabricar implica pensar e desenhar o processo *de* produção, e não pensar e desenhar apenas *para* a produção. Independentemente do material e das questões formais e funcionais implicadas, processos construtivos pré-fabricados demandam maior planejamento e rigor do que processos construtivos de execução in loco. Eles obrigam arquitetos e construtores a conceberem a execução incluindo o trabalho e seus agentes, à diferença daquela postura baseada na generosidade do papel que aceita tudo. Devidamente refletido, seus processos mobilizam para a redução do desperdício de

27 SAMPAIO, Arquitetura e cidade: o lugar de Lelé nesta relação, 2010, p. 222.

recursos naturais e, sobretudo, para a melhoria das condições de trabalho nas fábricas e nos canteiros.

(b) *Produção descentralizada em minifábricas*
Pré-fabricar implica repetir. Em geral, isso é feito em fábricas colossais e em grande escala. No entanto, a simplificação dos objetivos produtivos torna plausíveis usinas de pequeno porte que fabricam séries quantitativamente menores. Um sistema em rede, descentralizado, que tira proveito tanto do engajamento da comunidade local quanto de trocas digitais amplas e abertas é muito mais propício a processos de melhoria em bairros populares, centros históricos, áreas rurais e outros tantos lugares onde a pré-fabricação convencional não faz nenhum sentido.

(c) *Pré-fabricação leve, menos mecanizada*
Minifábricas devem se dedicar a processos de pré-fabricação leve, seja em argamassa armada ou com outros materiais. 'Leves' não são apenas os elementos que elas produzem, mas também o maquinário de que precisam. Crucial é que sejam bem equipadas para a produção de fôrmas ou o beneficiamento de elementos metálicos, derivados de madeira, blocos de terra crua e cozida, etc.

(d) *Tecnologias de industrialização parcial*
A pré-fabricação leve, devidamente desenvolvida, pode se tornar uma ferramenta importante de apoio a processos de melhoria, recuperação e reutilização de edifícios já construídos (quase sempre, por execução in loco), bem como, de modo geral, a processos autogestionários com assistência técnica.

Como em outros momentos de mudança na produção, é preciso cautela para compreender as inovações tecnológicas. Entendo que as ferramentas digitais chegaram ao campo da construção em caráter irreversível, assim como chegaram ao campo do projeto há pelo menos trinta anos. Porém, sua adequação às condições de produção no Brasil depende de uma visão de tecnologia que também seja política. Os pré-fabricados leves de argamassa armada da miniusina de Abadiânia são frutos do 'hackeamento' de determinados procedimentos construtivos convencionais e exemplos de uso engajado, político, da pré-fabricação. A argamassa armada subverte o pré-fabricado de concreto pesado, conferindo-lhe outro significado e rompendo seus limites na direção de um uso mais popular. A mecanização é relativamente reduzida, e a produção é descentralizada, enquanto o foco está no desenho e na especialização do trabalho, à semelhança da industrialização parcial preconizada por Terner. Adicionalmente, determinadas técnicas, uma vez tratadas de forma não convencional, construíram não objetos físicos infinitamente repetidos, e sim propostas coerentes com a estrutura social e política que procuraram interpretar.

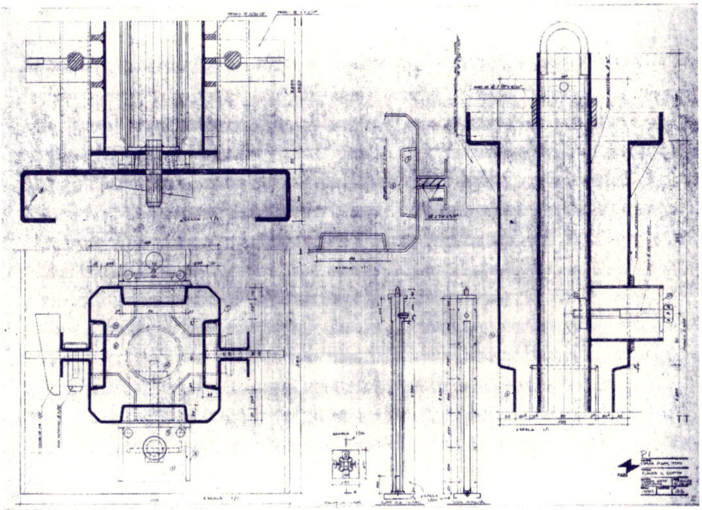

Detalhamento de fôrma metálica para pilares de escolas em dois pavimentos, projetada na Fábrica de Equipamentos Comunitários (FAEC) dirigida por Lelé, 1986. (Acervo de José Fernando Marinho Minho, Faculdade de Arquitetura da UFBA.)

Referências

ARANTES, Pedro Fiori. *Arquitetura Nova: Sérgio Ferro, Flávio Império e Rodrigo Lefèvre, de Artigas aos mutirões*. São Paulo: Editora 34, 2002.

BARAVELLI, José Eduardo. *Trabalho e tecnologia no programa MCMV*. Tese de Doutorado em Arquitetura e Urbanismo. Or. Ermínia Maricato. São Paulo: Faculdade de Arquitetura e Urbanismo, Universidade de São Paulo, 2014.

BRUNA, Paulo Júlio Valentino. *Arquitetura, industrialização e desenvolvimento*. São Paulo: Perspectiva, [1976] 2002.

CORIAT, Benjamin. O processo de trabalho de tipo 'canteiro' e sua racionalização: observações sobre algumas tendências da pesquisa atual [Travailler en chantier: Quelques tendances de la recherche actuelle, *Acte du Séminaire Le travail en chantiers*. Paris, 1983]. Trad. Jorge Hajime Oseki; João Sette Whitaker Ferreira. São Paulo: mimeo, 2007.

EKERMAN, Sergio Kopinski. *Tecnologia e transformação: pré-fabricação para reestruturação de bairros populares e assistência técnica à autoconstrução*. Tese de Doutorado em Arquitetura e Urbanismo. Or. Naia Alban Suarez; Nivaldo Vieira de Andrade Junior. Salvador: Programa de Pós-Graduação em Arquitetura e Urbanismo, Universidade Federal da Bahia, 2018.

FERRO, O canteiro e o desenho [1976]. In: *Arquitetura e trabalho livre*. São Paulo: Cosac Naify, 2006, pp. 105–200.

FERRO, Sérgio. *A história da arquitetura vista do canteiro: três aulas de Sérgio Ferro*. São Paulo: GFAU, 2010.

IBTH (Instituto Brasileiro de Tecnologia do Habitat). Urbanização de Pernambués: ocupação mista de apartamentos e casas geminadas. Anteprojeto: arquiteto João Filgueiras Lima — Lelé. Salvador: IBTH, 2012.

LIMA, João Filgueiras. *Escola transitória: modelo rural*. Brasília: MEC/CEDATE, 1984.

OLMOS, Susana Acosta; CORDIVIOLA, Chango. L'Humain au cœur de la fabrique architecturale; Human at the heart of the architectural factory. *L'Architecture d'Aujourd'hui*, n. 396, 2013, pp. 52–71.

PRETTO, Nelson de Luca. *Educações, culturas e hackers: escritos e reflexões*. Salvador: EDUFBA, 2017.

RISSELADA, Max; LATORRACA, Giancarlo (eds.). *A arquitetura de Lelé: fábrica e invenção*. São Paulo: Imprensa Oficial do Estado de São Paulo; Museu da Casa Brasileira, 2010.

ROSSO, Teodoro. Qualidade e economia da habitação. Manuscrito preparado para o *Simpósio sobre barateamento da construção habitacional*. Salvador: mimeo, 1978.

ROSSO, Teodoro. *Racionalização da construção*. São Paulo: FAUUSP, 1980.

SALAS SERRANO, Julián. *La industrialización posible de la vivienda latinoamericana*. Santafé de Bogotá: Escala, 2000.

SAMPAIO, Antonio Heliodório Lima. Arquitetura e cidade: o lugar de Lelé nesta relação. In: *10 Necessárias falas: cidade, arquitetura e urbanismo*. Salvador: EDUFBA, Programa de Pós-Graduação em Arquitetura e Urbanismo, 2010, pp. 217–243.

[s.n.]. A utopia viva de Lelé. *Correio Braziliense*, Brasília, 26/05/2014, on-line.

TERNER, Ian Donald. Technology and autonomy. In: John F. C. Turner; Robert Fichter (eds.). *Freedom to build: dweller control of the housing process*. New York: MacMillan, pp. 199–237.

THOMAS, Douglas. *Hacker culture*. Minneapolis: University of Minnesota Press, 2002.

TRIBUNAL DE CONTAS DA UNIÃO. TC 017.914/2003-5 – Grupo I – Classe III – Plenário, 2003.

VALE, Michel Hoog Chaui do. *João Filgueiras Lima (Lelé): arquitetura pública e urbanismo em Salvador (1979–81 e 1986–88)*. Dissertação de Mestrado em Arquitetura e Urbanismo. Or. Maria Cristina da Silva Leme. São Paulo: Faculdade de Arquitetura e Urbanismo, Universidade de São Paulo, 2016.

O sonho pré-fabricado da construção financeirizada

José Eduardo Baravelli

Inovação tecnológica

Há uma margem do capitalismo formada não por seu espraiamento para diferentes *espaços*, e sim pela pressão que o capital exerce sobre o *tempo* da produção e, portanto, sobre a produtividade de diferentes setores econômicos. É a margem ou vanguarda para a qual as empresas consideradas 'inovadoras' buscam conduzir o *mainstream*, o fluxo principal de bens e serviços de determinado setor sempre que o processo de acumulação de capital fica estagnado por novas condições de produção, financiamento ou regulação. Esse avanço do capital rumo ao futuro se baseia no que a literatura econômica denomina inovação tecnológica. O presente capítulo discute como, na construção habitacional, a tecnologia efetivamente inovada pela pré-fabricação é a tecnologia de gestão e organização da produção, cuja origem está não na engenharia dos edifícios nem na sua arquitetura, e sim na forma de operação do mercado financeiro imobiliário.

O escopo do capítulo são empresas que atuam na construção habitacional no Brasil e que, desde o início do século XXI, passaram a operar com fundos financeiros voltados à produção imobiliária, sejam de gestão pública ou privada. Trata-se de um período de grande concentração de capital nesse setor econômico, em que a produção no país foi dominada por empresas que alinharam sua organização interna a padrões gerenciais de governança financeira.[1] No centro desse conjunto estão empresas de grande porte, diretamente financeirizadas pela abertura de seu capital na bolsa de valores.[2]

1 SHIMBO, *Habitação social de mercado*, 2012.

2 Que o setor esteja estruturalmente desbalanceado fica evidente pelos dados da *Pesquisa Anual da Indústria da Construção*, que o IBGE realiza seguindo uma mesma metodologia desde 2007. Ao classificar o porte das empresas construtoras pelo número de empregados, a pesquisa indica que em 2022 havia cerca de onze mil empresas com mais de trinta pessoas ocupadas, representando um crescimento da ordem de 20% em relação a 2007. Já as

Para discutir a pré-fabricação como uma inovação tecnológica impulsionada e orientada pela financeirização do canteiro de obras, analiso as iniciativas de duas empresas. Uma delas é a Cury Construtora e Incorporadora, fundada em 1963, que passou a ter capital aberto com ações negociadas na B3 em 2020.[3] Outra é a Urbic Engenharia, fundada com capital privado de poucos sócios no mesmo ano de 2020, mas com o propósito original de operar com fundos de investimentos que definiram uma nova margem temporal para a produção habitacional.

Contudo, antes de passar a esses casos, convém apresentar, em termos gerais, o tipo de inovação tecnológica que as duas empresas praticam, uma como etapa final de uma longa atuação no mercado da construção, outra com o propósito inicial e recente de acelerar seus processos de incorporação e projeto. Refiro-me à tecnologia desenvolvida para controlar uma característica básica da construção de edifícios: a variabilidade, isto é, o fato de que condições e arranjos produtivos variam a cada novo empreendimento, o que parece tornar a pré-fabricação difícil e pouco pertinente.

O controle produtivo sobre a variabilidade da construção

Um tema recorrente nos estudos de gestão de produção é a distinção de fundo entre os processos produtivos da construção civil e os dos demais setores da indústria de

empresas com menos de trinta pessoas ocupadas, que hoje atuam sobretudo como subempreiteiras das primeiras, aumentaram em 300% nesse período, passando de cerca de 40 mil a cerca de 160 mil.

3 A B3 (Bolsa, Brasil, Balcão) concentra todo o mercado de ações no Brasil. Sua origem são fusões: primeiro, da Bolsa de Valores de São Paulo (BOVESPA) com a Bolsa de Mercadorias e Futuros (BM&F), em 2008, dando origem à Bolsa de Valores, Mercadorias e Futuros de São Paulo (BM&FBOVESPA); depois, em 2017, da BM&FBOVESPA com a Central de Custódia e de Liquidação Financeira de Títulos (CETIP).

transformação. A distinção começa pela relação invertida de mobilidade e imobilidade: na fábrica, o ambiente produtivo imóvel produz bens essencialmente móveis, distribuídos para vários espaços após a fabricação; no canteiro de obras, haveria algo como uma mobilidade do ambiente produtivo, que transita por vários espaços, mas que produz bens que são física e juridicamente imóveis.

No entanto, a variação de espaços que caracteriza o canteiro de obras é menos esclarecedora da especificidade da produção nesse setor do que a variação de tempos construtivos. Enquanto a incorporação imobiliária de uma edificação representa um agenciamento de capitais, o empreendimento de construção representa, em última análise, um agenciamento de força de trabalho. Essa força de trabalho não se confronta com o capital com a mesma evidência com que isso ocorre na fábrica de planta fixa. Ela é, pelo contrário, fracionada numa dispersão de qualificações profissionais e, ao mesmo tempo, agrupada e mediada por uma rede de empresas prestadoras de serviços e por departamentos empresariais em permanente associação e competição. Cada conjunção de fracionamento e agrupamento provoca diferentes alianças e conflitos entre trabalho e capital.

Isso faz do empreendimento de construção civil mais do que uma fábrica móvel, uma fábrica efêmera. Ela é como uma reunião intermitente de diversos núcleos de trabalhadores, muitos deles mobilizados em tempos e espaços diferentes do tempo e do espaço do canteiro de obras — em escritórios de projeto, usinas de pré-fabricação, centrais de produção em terrenos alugados, laboratórios de ensaio de materiais, locadoras de máquinas e equipamentos, além de departamentos da própria construtora localizados em diferentes sedes.[4]

4 Arquitetos com experiência em canteiros de obras compreendem de imediato a discordância de Randolph Thomas e Sunil Sinha em relação à tradicional descrição inglesa do canteiro de obras como um "desfile de profissões" ("*a parade of trades*"): "Essa expressão se aplica a operações sequenciais.

Flávio Picchi propôs, em 1993, um gráfico simplificado de um empreendimento de construção civil, que representa todos os serviços em cinco curvas de níveis de atividade por tempo (reproduzido abaixo com alguns ajustes). Três dessas curvas — referentes ao estudo de viabilidade, a aprovações e projetos, e à execução da obra — quase não se sobrepõem, e a intensidade de suas atividades aumenta lentamente até uma interrupção mais rápida (pico de atividades à direita no eixo temporal). As outras duas curvas, referentes ao planejamento de obra e à administração de contratos e suprimentos, abrangem quase todo o período do empreendimento, e a intensidade de suas atividades atinge rapidamente um pico, seguido de um longo período decrescente.[5]

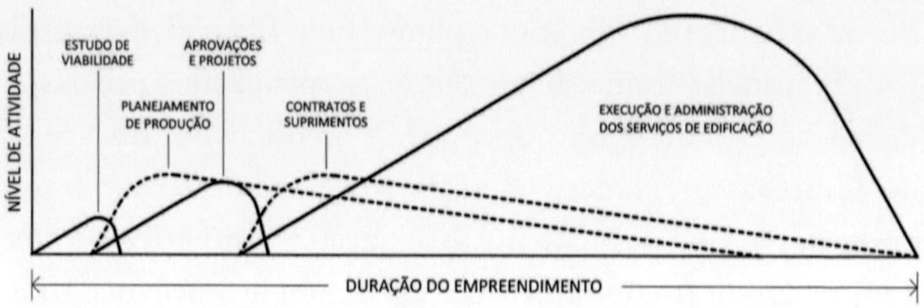

Esquema de atividades de um empreendimento habitacional
(Adaptado de Picchi, *Sistema da qualidade: uso em empresas de construção de edifícios*, 1993, p. 121.)

Operações sequenciais ocorrem em operações de construção no nível macro, mas geralmente não ocorrem quando se faz uma análise mais detalhada. Assim, as operações de construção no nível de atividade são mais parecidas com a representação de um tumulto do que com a de um desfile" (THOMAS & SINHA, Are construction sites and manufacturing facilities the same?, 2002, p. 1354).

5 "A construção de edifícios é uma atividade de grande complexidade, envolvendo um grande número de insumos, fornecedores e intervenientes; diversas etapas do processo (projeto, planejamento, execução etc.) ocorrem simultaneamente, o mesmo acontecendo com vários serviços. Os sistemas da qualidade são instrumentos que facilitam a cooperação, coordenação, visão de conjunto, integração de setores. Na construção de edifícios, estes fatores são fundamentais, não só internamente na empresa (entre departamentos) como também entre esta e os demais intervenientes" (PICCHI, *Sistema da qualidade: uso em empresas de construção de edifícios*, 1993, p. 121).

A ênfase na variabilidade temporal do empreendimento e a consequente distinção entre *design* e *project* são dominantes na literatura de língua inglesa sobre gestão da construção civil. *Design* denota a atividade técnica de concepção e expressão gráfica, enquanto *project* diz respeito ao esforço empresarial para produzir certo bem ou serviço em determinado tempo. Esse esforço é objeto de um campo especializado da administração de empresas: o *project-management*. No caso da construção civil, a noção de *project-based production* reforça a diferença em relação às indústrias de planta fixa (*factory-based production*). O empreendimento de construção é conduzido por "uma 'equipe' ad hoc, com designers, construtores e empreiteiros especializados que costumam nunca ter trabalhado juntos antes e que provavelmente não trabalharão juntos depois".[6] A produção ad hoc, organizada apenas para determinado empreendimento, implica um agenciamento de trabalho que não se fixa no espaço nem se repete no tempo.

Como a pré-fabricação, concebida aqui como inovação tecnológica de natureza industrial, pode intervir na variabilidade da construção? Nesse ponto, é útil entender uma outra variação, dessa vez interna à evolução histórica das empresas que, na virada deste século, projetam, produzem e comercializam componentes construtivos pré-fabricados: elas passaram de fornecedores de tecnologia construtiva em 'ciclo fechado' para 'ciclo aberto'.

Julián Salas Serrano, uma autoridade na pesquisa da industrialização da construção, disseminou a expressão "industrialização sutil" como ponto de chegada dessa passagem. Industrialização sutil é a transferência de processos construtivos de empresas isoladas para toda a amplitude do mercado de insumos da construção.

6 Franks, *Building sub-contract management*, 1984, p. 2.

> A produção em lotes de produtos padronizados é o método de produção do momento. É onde estão sendo feitos os maiores esforços para realizar a combinação industrial de produto-variedade. O objetivo é a produção rentável de lotes de elementos aparentemente idênticos, embora com certas características diferenciadoras, aplicando os princípios da produção contínua à fabricação de grupos de componentes semelhantes [...]. No campo da produção industrial, as recentes contribuições dos sistemas organizacionais, o uso progressivo de máquinas complexas (robotização) e o uso maciço de equipamentos para processamento de dados (computação) modificaram substancialmente as técnicas de produção.[7]

Nas palavras de Salas, "os pré-fabricadores deixaram de ser construtores e passaram a ser industriais".[8] Os componentes pré-fabricados que eram concebidos num ciclo fechado, em que o domínio de projeto e produção se concentrava numa única empresa (à semelhança do *software* dito 'proprietário' ou de 'código fechado' que a indústria de informática muitas vezes vende vinculado a um *hardware*), agora são fornecidos por todo o mercado de insumos e serviços da construção, com possibilidades de se adaptarem a quaisquer empreendimentos mediante projeto de produção.[9] Assim, ao redor dos grandes conglomerados produtores de insumos básicos, surgiu no setor da construção uma camada de produtores de materiais intermediários, também fabricados

7 SALAS SERRANO, De los sistemas de prefabricación cerrada a la industrialización sutil de la edificación, 2008, pp. 32–33.

8 Ibidem, p. 22.

9 Na pesquisa que realizou nos anos 1970, Paulo Bruna já percebia o esgotamento da industrialização de ciclo fechado na Europa, quando empresas construtoras fizeram uma demanda ao governo francês pela "manutenção de um mercado de escala que permitisse planejar os investimentos a longo prazo". A contraproposta da política de inovação tecnológica criada pela gestão de Giscard d'Estaing foi a seguinte: "as construtoras seriam obrigadas a respeitar certas condições como, por exemplo, a coordenação modular, ou utilizar elementos pré-fabricados dentro do sistema aberto" (BRUNA, *Arquitetura, industrialização e desenvolvimento*, 1976, p. 97).

por automação, mas com mais possibilidades de inovação e menos tendência à cartelização. Ao redor da grande indústria de cimento, há fabricantes de argamassas ensacadas; ao redor da indústria de aço, fornecedores de armaduras cortadas e dobradas; ao redor da indústria de chapas de madeira, fornecedores de fôrmas pré-fabricadas e portas pré-montadas.[10]

A diversificação produtiva das cadeias fornecedoras de materiais de construção é a base industrial sobre a qual é possível promover uma industrialização da própria variabilidade dos empreendimentos de construção, em que as fábricas efêmeras e sua força de trabalho reunida ad hoc serão organizadas ao longo de um empreendimento segundo uma tecnologia gerencial caracterizada por práticas inéditas de controle produtivo.

Esse controle produtivo da variabilidade do setor da construção foi chamado por Lúcia Shimbo e este autor de "hipergestão da produção habitacional".[11] A hipergestão combina padronização produtiva, tecnologia gerencial de subcontratações, arranjos organizacionais da governança corporativa oriunda do capital financeiro e arranjos políticos sobre a formulação de normas técnicas e programas públicos. Suas principais características podem ser agrupadas nas dimensões tecnológica, regulatória e financeira, que, por sua vez, estão presentes em cada um de seus níveis de controle: o corporativo, o gerencial e o setorial.

10 "A produção é transferida para fora do canteiro, onde os custos unitários podem ser reduzidos por meio de técnicas de produção repetitivas, usando instalações sofisticadas em um ambiente controlado. Essas condições de fábrica também aumentam a produtividade da mão de obra envolvida na produção de edifícios e estruturas. Embora alguns trabalhadores da construção civil possam ser transferidos do canteiro para a produção na fábrica, a maioria das habilidades no canteiro se torna redundante [...]" (GRUNEBERG, *The economics of construction labour*, 2005, p. 67).

11 SHIMBO & BARAVELLI, Construção sem urbano: a hipergestão da produção habitacional de empresas de capital aberto no Brasil, 2022.

	Dimensão tecnológica	Dimensão regulatória	Dimensão financeira
Nível Corporativo	**Padronização produtiva** Construção integrada ao núcleo organizacional	**Governança empresarial** Transparência corporativa	**Avaliação por indicadores financeiros** Execução de obra como valor de tempo
Nível Gerencial	**Procedimentos de execução de serviços** Treinamento de subcontratadas	**Sistema de gestão de qualidade** Certificação tecnológica	**Ficha de Verificação do Serviço (FVS)** Pagamento por adoção de tecnologia
Nível Setorial	**Desenvolvimento tecnológico em cadeia produtiva** Difusão de sistemas construtivos por entidades empresariais	**Normas técnicas e sistemas de conformidade** Regulação de programas habitacionais	**Financiamento compartilhado de sistemas construtivos** Parcerias comerciais em cadeias de suprimentos

Matriz do controle produtivo na hipergestão da produção habitacional
(Adaptado de SHIMBO & BARAVELLI, Construção sem urbano, 2022, p. 20.)

O nível *corporativo* se refere ao controle interno da empresa sobre sua própria atividade e sua organização. Aqui é notável a influência da regulação das companhias de capital aberto. O controle ocorre pela padronização produtiva e segue os princípios da governança e da transparência corporativas. Fundamento desses princípios e, ao mesmo tempo, traço distintivo dos processos de financeirização das empresas é a separação entre acionistas e gestores, e o domínio do valor do acionista (*shareholder value*). Além dos indicadores de disponibilidade de terras (*landbank*), de crescimento nos lançamentos (Valor Geral de Vendas, VGV) e de capital acumulado (lucro operacional), a financeirização promoveu também indicadores que medem a viabilidade da empresa e dos empreendimentos a partir da premissa do 'valor temporal do dinheiro' (*time value of money*). Assim, indicadores de rentabilidade futura — como Valor Presente Líquido (VPL), Taxa Interna de Retorno (TIR), Retorno sobre o Patrimônio

Líquido (ROE) — foram adicionados aos parâmetros de produção em canteiro de obras. Isso fez do canteiro uma parte efetiva da corporação financeirizada.

Já o nível *gerencial* estabelece o controle externo da empresa sobre suas subcontratadas. Ele exacerba os preceitos da gestão da produção por meio da realização de treinamentos de trabalhadores e da aplicação dos sistemas de gestão da qualidade, além de condicionar pagamentos de serviços subcontratados à adoção da tecnologia da empresa contratante. Esse controle replica a organização produtiva dos canteiros de obras que, no caso da habitação para a população de baixa renda, aumenta a escala dos empreendimentos sem permitir variação na arquitetura e no desenho urbano. Ou seja, um dos efeitos do controle gerencial é a homogeneização do espaço na escala da cidade.

Finalmente, o nível *setorial* diz respeito às estratégias políticas de difusão de novas tecnologias que abrangem sistemas construtivos em sua totalidade. Nele se dão as parcerias entre fabricantes de materiais, fornecedores de equipamentos e incorporadora principal. Além disso, há a articulação entre as empresas do setor na definição de normas técnicas e de programas públicos de financiamento habitacional.

O quadro geral dessas relações sociais e de poder no campo da construção habitacional é de um domínio empresarial com base em indicadores financeirizados, combinados a tecnologias de gestão de produção.

A fábrica de lajes da Cury

A Cury Construtora e Incorporadora S.A. era uma empresa familiar que, em 2007, foi capitalizada por uma *joint venture* com a Cyrela Brazil Realty. À época, essa gigante da incorporação brasileira buscava diversificar sua atuação

Modelo digital dos edifícios da Cury Construtora em Mogi das Cruzes, apresentado por David Nonno na 11ª Conferência Internacional LARES [Latin American Real Estate Society], em 2011; e aspecto real dos mesmos edifícios em 2025. (Acervo da Cury Construtora, 2011; Foto do autor, 2025.)

— tradicionalmente voltada ao setor de alta renda — agregando uma empresa especializada na habitação para o público de baixa renda. O início de sua adesão aos processos de valorização do mercado financeiro (que se tornaria completa em 2020) preservou o controle empresarial da família Cury, bem como o importante ativo que é a equipe de obras do engenheiro David Nonno.

A produtividade da Cury vem de uma bem controlada prática de construção em alvenaria estrutural com blocos de concreto, para a qual sua equipe está devidamente treinada. Os blocos são, eles mesmos, componentes pré-fabricados que em tese apresentam dimensões e densidade de precisão industrial. Em obra, são quantificados por unidade e tipo, e seu posicionamento nas paredes estruturais é sempre definido mediante um projeto especializado. No entanto, a produtividade da construção de edifícios de múltiplos pavimentos com blocos estruturais sempre esbarrou no problema das lajes de concreto moldadas in loco. Elas introduzem, no ritmo de assentamento dos blocos estruturais, os tempos de execução de escoramentos e fôrmas, e de lançamento e cura do material.

Por isso, em 2010, a Cury testou pré-fabricar também as lajes, num arranjo denominado, justamente, *fábrica de lajes*. O experimento se deu no que era então o maior empreendimento do Programa Minha Casa, Minha Vida (PMCMV) na região metropolitana de São Paulo: 2.060 unidades habitacionais no bairro de Jundiapeba, em Mogi das Cruzes. Foi um caso notável de pré-fabricação de elementos estruturais no Brasil, ainda que o resultado arquitetônico e urbanístico seja desanimador.

No início do PMCMV, a fábrica de lajes foi recebida com entusiasmo no meio da engenharia civil. A especialização da Cury na construção para o público de baixa renda, combinada ao capital da Cyrela, deu origem a uma usina de pré-fabricação inteiramente concebida para a padronização da construção e constituída como pessoa jurídica

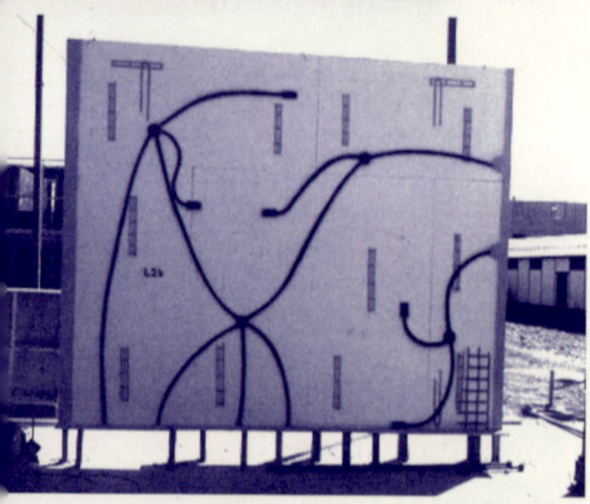

independente, isto é, com a perspectiva de atender também empreendimentos de outras construtoras e incorporadoras.

A usina, instalada num terreno alugado próximo ao canteiro de obras, se tornou um fornecedor externo de componentes. Ali, uma equipe mínima de armadores e eletricistas operava um equipamento relativamente compacto, constituído por fôrmas metálicas que correm ao longo de trilhos com passadiços. Afastadas entre si, as fôrmas permitem a montagem de armaduras e conduítes; unidas, permitem a concretagem simultânea de até vinte lajes. Depois de vinte e um dias de cura, as lajes eram transferidas para o canteiro de obras com ajuda de dois equipamentos alugados: uma carreta com braço hidráulico tipo Munck; e um guindaste com patolas.

No canteiro propriamente dito, a introdução da laje já enrijecida permitia que os serviços de alvenaria estrutural prosseguissem quase sem interrupções, bastando fazer a ligação entre as saídas horizontais e os ramais verticais das instalações elétricas embutidas nos blocos de concreto. O assentamento da alvenaria deixou de ser interrompido por fôrmas, escoras e tempos de cura.

Ainda assim, essa tecnologia de pré-fabricação de lajes foi abandonada depois das duas mil unidades em Mogi das Cruzes. Contrariando as estimativas, a fábrica de lajes não teve encomendas além das da própria Cury, de modo que desmobilizar seu capital era mais econômico do que o manter ocioso. O motivo mais decisivo para sua desmontagem, no entanto, foi a terceirização da construção de lajes para a Construtora Souza Araújo Ltda. Trata-se de uma empresa de mão de obra especializada que havia sido treinada para fornecer serviços de alvenaria estrutural dos empreendimentos do PMCMV e havia participado dos respectivos planejamentos de obras e especificações de requisitos técnicos. Ela, então, assumiu a construção de lajes com fôrmas prontas e lançamento mecânico do concreto, e, graças ao gerenciamento conjunto com a contratante Cury, conseguiu uma produtividade nesse processo equivalente à da fábrica de lajes. De certa forma, o objetivo da fábrica de lajes da Cury nunca

Processo de produção e transporte das lajes pré-fabricadas para os edifícios da Cury Construtora em Mogi das Cruzes, apresentado por David Nonno na 11ª Conferência Internacional LARES, em 2011. (Acervo da Cury Construtora, 2011.)

foi o de fabricar certo componente estrutural, e sim o de 'fabricar' a subempreiteira Souza Araújo.

Os chassis da Urbic

A criação da Urbic Engenharia fecha um ciclo da industrialização da construção brasileira e, provavelmente, inicia outro, em que cada vez mais empresas adotarão a "industrialização sutil". Seu fundador, o engenheiro civil Luiz Ceotto, também tem usado essa expressão de Julián Salas Serrano desde que, nos anos 1990, implantou processos de racionalização construtiva na antiga construtora ENCOL.

> Industrialização 'sutil' pelo fato de ela ser pouco percebida pelas pessoas e de ser aberta a todo novo tipo de componente, não necessitando de equipamentos pesados nem de grandes investimentos na sua adoção. Assim, a partir de 1997, a parte sul e sudeste do Brasil entrava finalmente na tão esperada industrialização. Grande parte dos produtos feitos nos canteiros centrais de obras passaram a ser produzidos pelas indústrias que anteriormente só produziam os materiais de construção.[12]

Em 2020, Ceotto fundou com poucos sócios a própria construtora para, em definitivo, associar o tempo de obra ao tempo de valorização do capital. Seus empreendimentos são programados para entregar ao mercado edifícios de apartamentos de médio padrão, com oito a dezesseis pavimentos, seguindo um cronograma de seis a dez meses, inédito para os padrões de produtividade do setor no Brasil. O objetivo

12 CEOTTO, A industrialização da construção de edifícios: de passado letárgico para um futuro promissor, 2005, p. 96. Ceotto atribui a expressão "industrialização sutil" ao engenheiro Álvaro Meseguer, embora os textos de Julián Salas Serrano, um dos principais pesquisadores do Instituto Eduardo Torroja, tenham ampla divulgação nos estudos de racionalização e pré-fabricação em construção civil.

não é reduzir o custo de obra por unidade de área construída, e sim concentrá-lo num tempo muito curto, de modo que a antecipação da fase de rendimento do capital justifique o esforço projetual e de controle produtivo.

Para promover essa contração do tempo de produção, Ceotto introduziu no canteiro de obras a noção de *chassi*, traduzida da indústria automobilística para uma estrutura de vigas, pilares e contraventamentos de aço. Nessa estrutura são montados com precisão sistemas compatíveis de pré-lajes, vedações internas em *dry wall* e painéis de fachada de concreto reforçado com fibras de vidro. A ideia de um chassi pode lembrar a equiparação clássica — e ingênua — entre a construção de casas e a fabricação de carros que Le Corbusier fez em 1923, em *Por uma Arquitetura*. Porém, na Urbic, a analogia com a produção de carros se deslocou da massificação para a precisão; ela é 'toyotista', não 'fordista', como a de Le Corbusier. Quase nenhuma operação que exija conformação de materiais construtivos é realizada no

Empreendimentos da Urbic Engenharia na cidade de São Paulo. (Fotos do autor, 2025.)

canteiro. Nos empreendimentos da Urbic, o verdadeiro sentido do chassi é concentrar as atividades de obra e reduzir a quantidade de fornecedores de serviços de construção, ou seja, subempreiteiros.

Essa concentração de atividades subempreitadas inverte a contratação de mão de obra que predominou no Brasil até o fim do século passado. Tradicionalmente, as subempreiteiras alocavam trabalhadores não especializados no canteiro, do começo ao fim do empreendimento e em diferentes frentes. A organização produtiva dependia primordialmente da oferta abundante de trabalhadores. Ceotto observa que tais subempreiteiras eram, na verdade, meros "'empreiteiros de mão de obra', deixando a tecnologia de produção, a definição do processo de trabalho e o gerenciamento dos serviços sob responsabilidade da construtora contratante".[13]

Para Ceotto, o que permite transformar tecnologicamente a subempreitada é a industrialização sutil, isto é, a formação de um mercado de fabricantes e prestadores de serviço capaz de fornecer tecnologia em ciclo aberto ao canteiro de obras. O polo que esse mercado modifica primeiro não é o das subempreiteiras, e sim o das empresas que as contratam: elas se tornam "mais gerenciadoras e integradoras de sistemas construtivos do que 'fazedoras' de obras [...], mais 'cérebro' do que 'braço'", especializadas em "integração de sistemas, em projeto, em planejamento, na aplicação e gerenciamento de sistemas de qualidade e na administração de contratos", e não precisam investir em outra coisa que não "no domínio dos processos gerenciais por parte de suas equipes tecno-administrativas".[14]

O aumento da diversidade na oferta de componentes construtivos industrializados e o esforço gerencial para montá-los em poucos meses num chassi confirmam a

13 Ibidem, p. 98.

14 Ibidem, pp. 97–100.

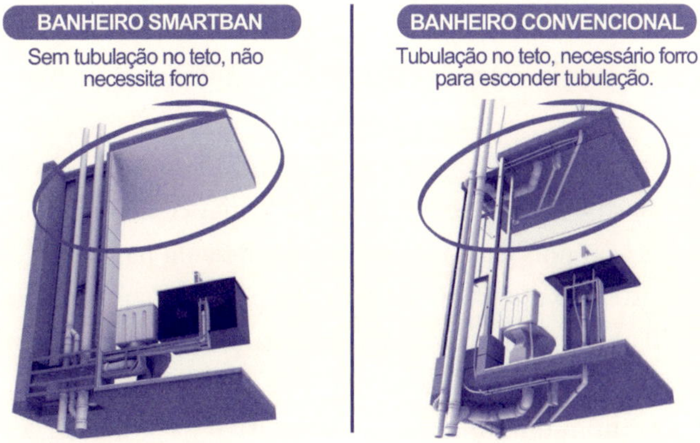

Folheto comercial do SmartBan, produzido pela Barbi do Brasil. (Acervo da Barbi do Brasil, s.d.)

tendência de que a pré-fabricação seja definida mais por projetistas de dentro das fábricas de componentes do que por projetistas da própria construção.

Um caso entre os processos construtivos adotados pela Urbic parece uma exceção a essa tendência da pré-fabricação de ciclo aberto. É a chamada "base de parede hidráulica", que foi desenvolvida por Ceotto junto com técnicos da Barbi Brasil, uma empresa especializada em tubulações PEX, que, posteriormente, incorporou esse produto ao seu catálogo com o nome SmartBan. A base de parede hidráulica consiste numa espécie de caixa — também chamada de chassi — em que válvulas, tubos, conexões e engates são posicionados com precisão e, mais importante, pré-testados quanto a estanqueidade, ruídos e movimentações. Com ralos e saídas de esgoto horizontais (pouco comuns no Brasil), ela elimina as usuais tubulações sob as lajes e, portanto, a necessidade de forro no pavimento inferior. No entanto, à semelhança do caso das lajes da Cury, também aqui se trata de ajustar certo elemento da cadeia produtiva às premissas de produtividade da empresa, não de ela tomar para si alguma das operações de pré-fabricação.

Não há mais arquitetura na pré-fabricação

Ao contrário dos sonhos da arquitetura moderna, a pré-fabricação que é desejada pelo capital financeiro tem pouca visibilidade, pois é atraída mais pela ideia da padronização construtiva do que pela imagem que poderia expressá-la. O próprio objetivo de controlar a construção do edifício perde o caráter marcante e quantitativo de reduzir ou eliminar o trabalho humano no processo produtivo para buscar algo mais sutil e qualitativo, que é conformar a força de trabalho ao treinamento e à dependência de instrumentos e insumos industriais.

Em palavras do marxismo, a pré-fabricação é mais uma etapa para a subsunção real do trabalho, e em poucos lugares essa etapa está avançando em ritmo maior do que nos canteiros de obras sob controle produtivo da financeirização.

Como esse controle tem dimensões tecnológicas, regulatórias e financeiras que se estendem do nível corporativo ao nível das suas cadeias de suprimentos e, daí, para todo o setor da construção, é raro que essa subsunção real do trabalho apareça em articulação com um processo de pré-fabricação bem delimitado e visível.

Este capítulo analisou dois desses processos em empresas que, apesar das diferenças de porte e história, estão impulsionando a inovação tecnológica do capital na construção brasileira. Não por acaso, são processos efêmeros, que acabam submergindo na amplitude de diversas cadeias produtivas e no tempo acelerado de seus controles financeiros.

Num caso, o da empresa Cury, a pré-fabricação em ciclo fechado de lajes de concreto armado só fazia sentido como substituto temporário de processos gerenciais que pudessem fornecer serviços subempreitados adequados ao processo construtivo em alvenaria armada. No outro caso, o da empresa Urbic, o projeto que conduz tubulações hidráulicas de um apartamento para um chassi capaz de acelerar e dar precisão à construção habitacional é concebido desde o início como produto de catálogo de um fabricante, confirmando a previsão de Julián Salas Serrano de que a pré-fabricação sairia do campo da arquitetura para se dissipar por toda a indústria da construção.

A visibilidade pública da pré-fabricação chegou ao auge num período em que o aumento da produtividade tinha — ou ao menos parecia ter — um propósito de emancipação política e social. (Nesse sentido, não parece descabida a analogia com o que, ainda hoje, o software livre ou a fabricação digital 'caseira' nos prometem.) Mas esse propósito desapareceu, e tudo se passa como se seu desaparecimento tivesse feito desaparecer também a imaginação. O resultado final é que, sob as dimensões e os níveis de controle do capital financeiro, a produção no setor da construção habitacional no Brasil deixou de ter arquitetura para ter apenas pré-fabricação.

É inevitável a impressão de que, a partir de agora, a pré-fabricação só possa ser novamente sonhada pela arquitetura fora do circuito do capital e de suas margens temporais.

Referências

BRUNA, Paulo Júlio Valentino. *Arquitetura, industrialização e desenvolvimento*. São Paulo: Perspectiva; Editora USP, 1976.

CEOTTO, Luiz Henrique. A industrialização da construção de edifícios: de passado letárgico para um futuro promissor. In: Claudia Prates Faria (ed.). *Inovação em construção civil: monografias*. São Paulo: Instituto Uniemp, 2005, pp. 85–106.

FRANKS, James. *Building sub-contract management*. London: Construction Press, 1984.

GRUNEBERG, Stephen. *The economics of construction labour: a discussion paper*. Helsinki: International Council for Research and Innovation in Building and Construction, 2005.

PICCHI, Flávio Augusto. *Sistema da qualidade: uso em empresas de construção de edifícios*. Tese de Doutorado em Engenharia de Construção Civil e Urbana. Or. Vahan Agopyan. São Paulo: Escola Politécnica, Universidade de São Paulo, 1993.

SALAS SERRANO, Julián. De los sistemas de prefabricación cerrada a la industrialización sutil de la edificación. *Informes de la Construcción*, v. 60, n. 512, 2008, pp. 19–34.

SHIMBO, Lúcia. *Habitação social de mercado: a confluência entre Estado, empresas construtoras e capital financeiro*. Belo Horizonte: C/Arte, 2012.

SHIMBO, Lúcia; BARAVELLI, José Eduardo. Construção sem urbano: a hipergestão da produção habitacional de empresas de capital aberto no Brasil. *Revista Brasileira de Estudos Urbanos e Regionais*, v. 24, e202239, 2022, pp. 1–26.

THOMAS, Randolph; SINHA, Sunil. Are construction sites and manufacturing facilities the same?. In: Ben Obinero Uwakweh; Issam Minkarah. *Construction innovation and global competitiveness*. Cincinnatti: CRC Press, 2002, volume 1.

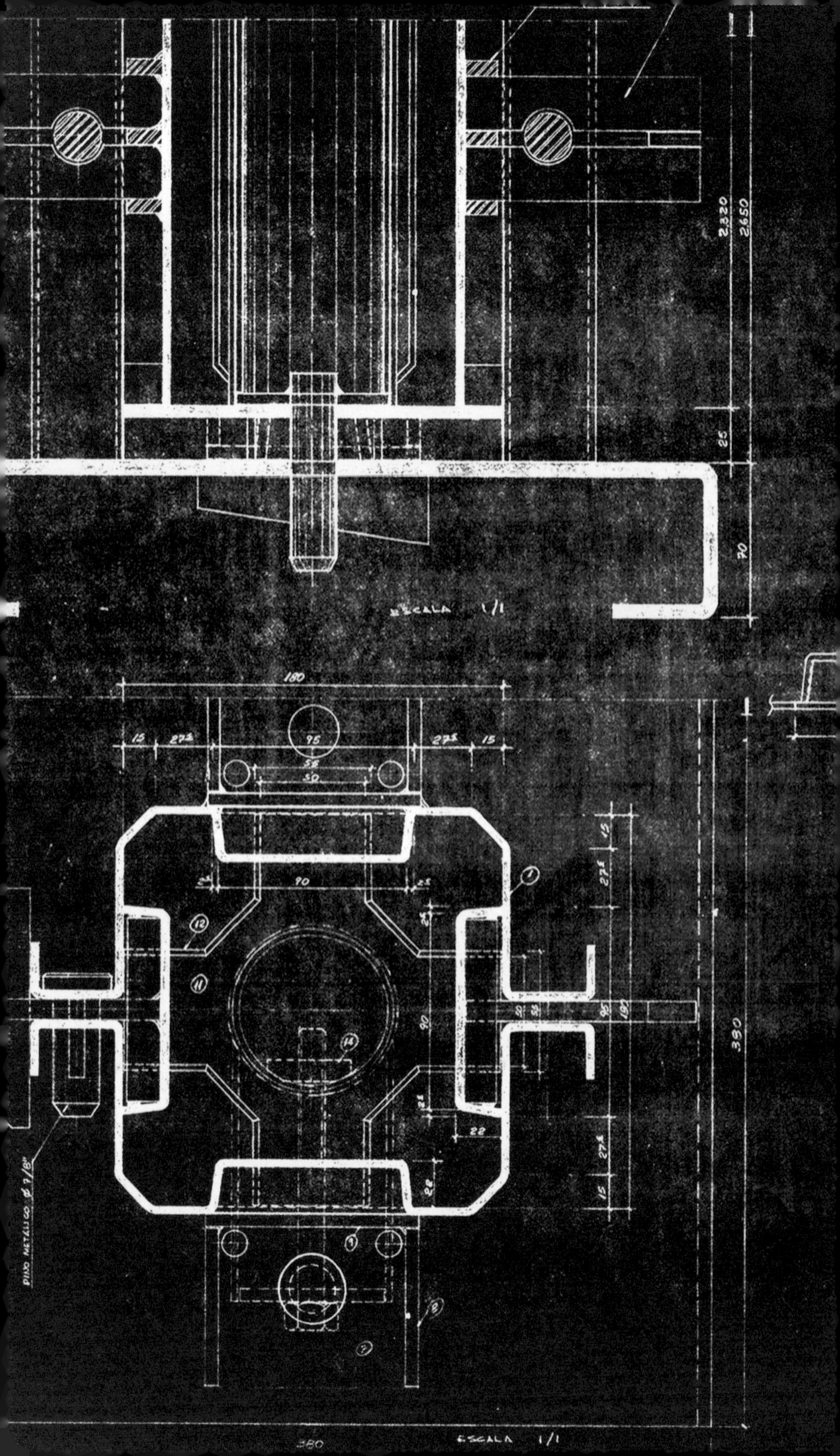
2320
2650
25
70
ESCALA 1/1
180
15
27½
95
27½
15
55
50
90
25
25
15
27½
90
95
150
390
22
22
27½
15
PINO METÁLICO Ø 7/8"
380
ESCALA 1/1

ANEL DE Ø 1 1/2" x 3/16"
TUBO INDUSTRIAL Ø 3"
SOLDA
1 1/2" x 3/8"
180
22
90
ESCALA 1/1
2.820
2.650
470
150
ESCALA 1/10
F&ZC

Créditos das imagens

Capa, pp. 182–183	Extratos de uma prancha de detalhamento de fôrma metálica para pilares de escolas em dois pavimentos, projetadas na Fábrica de Equipamentos Comunitários (FAEC) dirigida por Lelé. Projeto da fôrma de Mariano Casañas e Waldir Silveira. Desenho de Rosevaldo Nascimento, escala 1:1, datado em 1986 e 1989. Cópia sépia digitalizada por Sergio Ekerman em 2016. Acervo de José Fernando Marinho Minho, Faculdade de Arquitetura da UFBA.
pp. 1, 8–9, 194	Extratos de uma prancha de detalhamento de fôrma metálica para as abóbadas das chamadas Creches Mais, projetadas na Fábrica de Equipamentos Comunitários (FAEC) dirigida por Lelé. Projeto da fôrma de Mariano Casañas e Waldir Silveira. Desenho de Waldir Silveira, escala 1:1, datado em 1987. Original em papel manteiga digitalizado digitalizada por Sergio Ekerman em 2016. Acervo de José Fernando Marinho Minho, Faculdade de Arquitetura da UFBA.
p. 28	Microrregiões na periferia de Moscou. Fotos de Jonathan Charley, 1988.
p. 30	Retratos de Marx, Engels e Lenin na fachada de supermercado estatal. Foto de Jonathan Charley, 1986.
	Painéis de rua com retratos de trabalhadores-modelo. Foto de Jonathan Charley, 1984.
p. 33	Clube de trabalhadores Russakova, projetado por Konstantin Melnikov em 1927. Foto de Jonathan Charley, 2010.
	Prédio de apartamentos Kotelnicheskaya, projetado por Dmitry Chechulin em 1952. Foto de Jonathan Charley, 2004.
p. 37	Bloco de apartamentos Dom Narkomfin, projetado por Mosei Ginzburg e Ignaty Milinis em 1928. Foto de Jonathan Charley, 2017.

'Casa para um novo modo de vida', projetada por Nathan Osterman em 1965. Foto de Jonathan Charley, 1988.

p. 41 Parte mais antiga de Novye Cheryomushki, construída em 1957. Foto de Chris Leslie, 2017.

Praça Ho Chi Minh, próxima ao centro de Moscou. Foto de Jonathan Charley, 2017.

p. 45 Academia de Ciências de Moscou, construída em 1967. Foto de Chris Leslie, 2017.

Museu espacial Yuri Gagarin. Foto de Jonathan Charley, 1984.

p. 48 Canteiros de prédios construídos com painéis de concreto no norte de Moscou. Fotos de Jonathan Charley, 1987.

p. 54 Vista do norte de Moscou. Foto de Jonathan Charley, 2017.

Microrregião típica no noroeste de Moscou. Foto de Jonathan Charley, 1984.

p. 57 Outdoor do setor imobiliário em Moscou. Foto de Jonathan Charley, 2010.

Bulevar Tverskaya, no centro de Moscou. Foto de Jonathan Charley, 2004.

p. 60 Arranha-céus em Moscou. Foto de Jonathan Charley, 2017.

Moradora de Novye Cheryomushki que enfrentava o despejo. Foto de Chris Leslie, 2017.

p. 63 Estátua de Marx em frente ao Teatro Bolshoi, Moscou. Foto de Jonathan Charley, 2004.

Estátua de Lenin na Praça de Outubro, Moscou. Foto de Jonathan Charley, 2010.

p. 65 Torre nos Gorbals de Glasgow. Foto de Jonathan Charley, 2008.

Casa unifamiliar no subúrbio de Glasgow. Foto de Jonathan Charley, 2000.

p. 84 Anúncio de casas pré-fabricadas. *A Cruz*, Rio de Janeiro, 15/06/1958, p. 4.

p. 88 Montagem de uma casa no Galpão da UNI-SECO, ca. 1954. Acervo de Roberto Montenegro Filho.

Casas populares produzidas pela UNI-SECO, ca. 1954. Acervo de Roberto Montenegro Filho.

p. 90 "Residência no Butantã", projetada por Sérgio Ferro. *Acrópole*, v. 27, n. 319, 1965, pp. 34–35. Acervo da Biblioteca Prof. Raffaello Berti.

p. 94 "Pré-fabricação em taipa", concebida por Acácio Gil Borsoi. *Arquitetura IAB*, n. 40, 1965, pp. 6–9. Acervo da Biblioteca Prof. Raffaello Berti.

p. 96 "Residência Eternit", projetada por Carlos Barjas Millan. *Acrópole*, v. 26, n. 332, 1966, pp. 22–23. Acervo da Biblioteca Prof. Raffaello Berti.

p. 98 "Habitações coletivas", projetadas por Oscar Niemeyer. *Acrópole*, v. 31, n. 369, 1970, p. 29. Acervo da Biblioteca Prof. Raffaello Berti.

p. 100 "Casa pré-fabricada e individual", projetada por Sergio Rodrigues e equipe. *Módulo*, v. 5, n. 23, 1961, pp. 26–29. Acervo da Biblioteca Prof. Raffaello Berti.

p. 103 "Casa de fibrocimento", projetada por Esteban Haasz. *O Dirigente Construtor*, n. 7, 1965, pp. 39, 44. Acervo da Biblioteca Prof. Raffaello Berti.

pp. 104, 107 "Sistema de pré-fabricação leve de canteiro", projetado por Jaime Herdoiza Cobo e Aldo Coti-Zelati. *Arquitetura IAB*, n. 40, 1965, pp. 30–31. Acervo da Biblioteca Prof. Raffaello Berti.

pp. 108, 111 "Painéis leves permitem montar uma casa em 8 horas", pelo sistema concebido por José Alberto Marialva Marques. *O Dirigente Construtor*, v. 1, n. 10, 1965, pp. 47–48. Acervo da Biblioteca Prof. Raffaello Berti.

pp. 112, 115 "Pré-fabricação pesada dá casa montada em cinco horas", pelo sistema concebido por Teodoro Rosso.

	O Dirigente Construtor, v. 3, n. 3, 1967, pp. 22–26. Acervo da Biblioteca Prof. Raffaello Berti.
pp. 116, 119	"Habitações transitórias: proposta para um programa de habitação", de autoria de Paulo Magalhães. *Arquitetura* IAB, n. 40, 1965, pp. 14–15. Acervo da Biblioteca Prof. Raffaello Berti.
pp. 120, 123	"Unidade de habitação préfabricada 1967", projetada por Paulo Mendes da Rocha, *Acrópole*, v. 29, n. 343, 1967, pp. 43–45. Acervo da Biblioteca Prof. Raffaello Berti.
p. 143	Fotos e desenhos da Fábrica de Abadiânia, 1983. Acervo do Instituto João Filgueiras Lima.
p. 145	Desenhos de Lelé para o canteiro da escola rural de Abadiânia, ca. 1984. João Filgueiras Lima. *Escola transitória: modelo rural*. Brasília, MEC/CEDATE, 1984, p. il.
p. 148	Desenho de Lelé para a miniusina de argamassa armada nos canteiros do PMCMV em Salvador, ca. 2010. Acervo do Instituto Brasileiro de Tecnologia do Habitat.
p. 155	Prancha de detalhamento de fôrma metálica para pilares de escolas em dois pavimentos, projetadas na Fábrica de Equipamentos Comunitários (FAEC) dirigida por Lelé (a mesma prancha ilustra a capa e as pp. 182–183). Acervo de José Fernando Marinho Minho, Faculdade de Arquitetura da UFBA.
p. 170	Modelo digital dos edifícios da Cury Construtora em Mogi das Cruzes. Acervo da Cury Construtora, 2011.
	Edifícios da Cury Construtora em Mogi das Cruzes em 2025. Foto de José Eduardo Baravelli, 2025.
pp. 172–173	Processo de produção e transporte das lajes pré-fabricadas para os edifícios da Cury Construtora em Mogi das Cruzes. Fotos do acervo da Cury Construtora, 2011.
p. 175	Empreendimentos da Urbic Engenharia na cidade de São Paulo. Fotos de José Eduardo Baravelli, 2025.
p. 177	Folheto comercial do SmartBan, produzido pela Barbi do Brasil. Acervo da Barbi do Brasil, s.d.

Colaboradores

Clécio Magalhães do Vale é arquiteto-urbanista, mestre em Arquitetura e Urbanismo (UFMG, 2000) e doutor em Ciência e Tecnologia da Madeira (UFLA, 2011), com pós-doutorado junto ao Grupo de Pesquisa MOM (UFMG, 2024). É professor do Curso de Arquitetura e Urbanismo, e do Mestrado Profissional em Engenharia das Construções da Universidade Federal de Ouro Preto. Suas pesquisas se concentram nos temas: projeto de arquitetura, industrialização e pré-fabricação na construção, habitação coletiva, tecnologia e estruturas de madeira, arquitetura de baixo carbono, e assessoria técnica.

Jonathan Charley é escritor e professor. Trabalhou numa cooperativa de arquitetos e construtores em Londres e foi, por muitos anos, diretor de Cultural Studies no Departamento de Arquitetura da University of Strathclyde, em Glasgow. Entre 2022 e 2024, atuou como professor visitante na Escola de Arquitetura da UFMG. Além de produzir exposições e projetos de mídia, ele escreve sobre a história política, social e cultural da arquitetura e das cidades. Atualmente, está trabalhando num extenso ensaio literário sobre a história da mineração no Brasil.

José Eduardo Baravelli é arquiteto-urbanista, professor-doutor da Faculdade de Arquitetura e Urbanismo da USP, colaborador do Grupo de Pesquisa MOM e arquiteto associado da assessoria técnica USINA CTAH. Sua tese de doutorado foi publicada sob o título *Trabalho e tecnologia no Programa MCMV* (Annablume, 2017). Atualmente, está engajado em projetos de pesquisa e extensão universitária voltados à tecnologia construtiva em espaços populares e urbanizações informais.

Roberto E. dos Santos é engenheiro-arquiteto, com mestrado em Arquitetura e Urbanismo (UFMG, 2002), doutorado em Educação (UFMG, 2008), professor associado da Escola de Arquitetura da UFMG e membro da coordenação colegiada do Grupo de Pesquisa MOM. Desde 2016, coordena o projeto de extensão *Águas na cidade* e, atualmente, colabora com o projeto de pesquisa *Campus Quilombo como canteiro-escola autogerido*, em parceria com o Instituto Federal do Norte de Minas Gerais (IFNMG). Organizou três volumes da coleção *Autogestão de moradias* (MOM, 2024). Pesquisa história da construção da cidade, com foco nos processos de trabalho, na difusão de tecnologias, na economia política das obras públicas e nos paradigmas de manejo das águas urbanas.

Sergio Kopinski Ekerman é arquiteto-urbanista (2002), mestre e doutor em Arquitetura e Urbanismo (UFBA, 2007, 2018), com passagem, como *visiting scholar*, no Institute of Latin American Studies da Columbia University (Nova York, 2017) e, como professor visitante, na Faculté de l'environnement naturel, architectural et construit (ENAC) da École polytechnique fédérale de Lausanne (2024). É professor associado da Faculdade de Arquitetura da UFBA, onde foi diretor entre 2020 e 2024. É membro dos grupos de pesquisa *Projeto, Cidade e Memória* e *FABER*. Atualmente, investiga possibilidades para o uso da pré-fabricação leve com cimento de baixa pegada de carbono como alternativa tecnológica para autoconstrução e assistência técnica.

Silke Kapp é arquiteta-urbanista, com mestrado e doutorado em Filosofia (UFMG, 1994, 1999), e pós-doutorado em Sociologia Urbana (Bauhaus Universität, 2015). É professora titular da Escola de Arquitetura da UFMG, membro da coordenação colegiada do Grupo de Pesquisa MOM e pesquisadora do CNPq. De 2021 a 2024, coordenou a equipe de edição e tradução da obra de Sérgio Ferro para o inglês, que foi parte do projeto *Translating Ferro / Transforming Knowledges* (TF/TK) e resultou nos livros *Architecture from below* (Mack, 2024) e *Design and the building site, and complementary essays* (Mack, 2025). Suas publicações recentes incluem, ainda, os livros *Teoria crítica da arquitetura* (N-1, 2024) e *Pesquisa sócio-espacial de viés propositivo* (NPGAU, 2025). Desde 2024, está engajada no projeto de pesquisa *Campus Quilombo como canteiro-escola autogerido*, em parceria com o Instituto Federal do Norte de Minas Gerais (IFNMG), e no projeto de extensão *Espaços comunitários de saberes, cultura e bem viver Yanomami*, realizado na UFMG em parceria com a Fundação Nacional dos Povos Indígenas (FUNAI) e com a Secretaria de Educação Continuada, Alfabetização de Jovens e Adultos, Diversidade e Inclusão (SECADI) do Ministério da Educação.

Agradecimentos

A constelação de autores e textos reunidos neste volume é fruto da generosidade de muitas pessoas. Agradecemos a todas elas por terem nos proporcionado esta oportunidade.

A Ana Paula Baltazar, que se empenhou no complicado trâmite para trazer Jonathan Charley à Escola de Arquitetura da UFMG, como professor visitante.

A João Marcos de Almeida Lopes, que convidou Sergio Ekerman a participar, como pesquisador afiliado, do projeto *Translating Ferro/Transforming Knowledges*, o contexto de nossa primeira aproximação 'ao vivo'.

Aos estudantes Josiany Coelho Campos, Laura Julia Rodrigues e Matheus Borlot, que cuidaram da logística e da preparação dos vídeos do seminário *Pré-fabricação: da genealogia à economia política*, realizado em maio de 2024 como pontapé inicial para esta publicação.

Ao arquiteto Maurício Lage, que ajudou na pesquisa de Clécio Magalhães para o capítulo "Casas pré-fabricadas no país das promessas".

Às empresas, às instituições e às pessoas que tiveram a gentileza de nos conceder o uso de imagens de seus acervos: José Fernando Marinho Minho; Chris Leslie; Roberto Montenegro Filho; Biblioteca Prof. Raffaello Berti; Instituto João Filgueiras Lima; Instituto Brasileiro de Tecnologia do Habitat; Construtora e Incorporadora Cury; e Barbi do Brasil.

A todas as instituições públicas que apoiaram as pesquisas na origem dos textos aqui apresentados: a Universidade Federal de Ouro Preto; a Universidade Federal da Bahia; a Universidade Federal de Minas Gerais; a Universidade de São Paulo; a Coordenação de Aperfeiçoamento de Pessoal do Ensino Superior; e o Conselho Nacional de Desenvolvimento Científico e Tecnológico.

A José Camilo e Alexandre Bomfim pelo trabalho gráfico e de revisão dos textos.

Finalmente, nosso agradecimento especial ao Gabinete do Deputado Federal Patrus Ananias pela emenda parlamentar que possibilitou a edição deste livro.

MOM edições

Escola de Arquitetura da UFMG
Rua Paraíba, 697
30.130-140 Belo Horizonte – MG
Tel. (55 31) 3409 8855
mom.editorial.eaufmg@gmail.com

n-1 edições

Galeria Metrópole, Loja 8
Av. São Luís, 187
01046-001 São Paulo – SP
n-1edicoes.org
oi@n-1edicoes.org

Projeto gráfico
José Camilo Carlos Júnior
Silke Kapp

Diagramação
José Camilo Carlos Júnior

Capa
Fábrica de Equipamentos Comunitários (FAEC), dirigida por Lelé.
José Camilo Carlos Júnior

Preparação
José Camilo Carlos Júnior
Silke Kapp

Revisão
Alexandre Bomfim

A publicação deste trabalho foi realizada com apoio financeiro da Emenda Parlamentar 140880018, do Gabinete do Deputado Patrus Ananias, e com apoio do Conselho Nacional de Desenvolvimento Científico e Tecnológico (Bolsa de Produtividade em Pesquisa, processo 304030/2025-2).

Editores-chefes
Peter Pál Pelbart
Ricardo Muniz Fernandes

Coordenação editorial
Gabriel de Godoy

Assistência editorial
Inês Mendonça

FSC www.fsc.org MISTO Papel | Apoiando uma gestão florestal responsável FSC® C092828

2023 CARBON NEUTRAL SAVE cerrado

S698 Sonhos em série : arquitetura e pré-fabricação nas margens do capitalismo / Silke Kapp e Roberto E. dos Santos (editores). -
Belo Horizonte : MOM; São Paulo : N-1, 2025.
193 p. : il.

Inclui bibliografia.
ISBN: 978-65-6119-069-5

1. Construção industrializada. 2. Arquitetura moderna. 3. Habitação. 4. Força de trabalho. 5. Ideologia. 6. União Soviética. I. Kapp, Silke. II. Santos, Roberto E. dos. III. Universidade Federal de Minas Gerais. Escola de Arquitetura. IV. Título.

CDD – 693.97

Ficha catalográfica elaborada por Fernanda Pereira - CRB 6/2927
Foi feito o depósito legal.

Fontes	Spectral, Inter, Poppins
Papel	Triplex 250g/m² e Avena 90g/m²
Impressão	Formato
Tiragem	300 exemplares

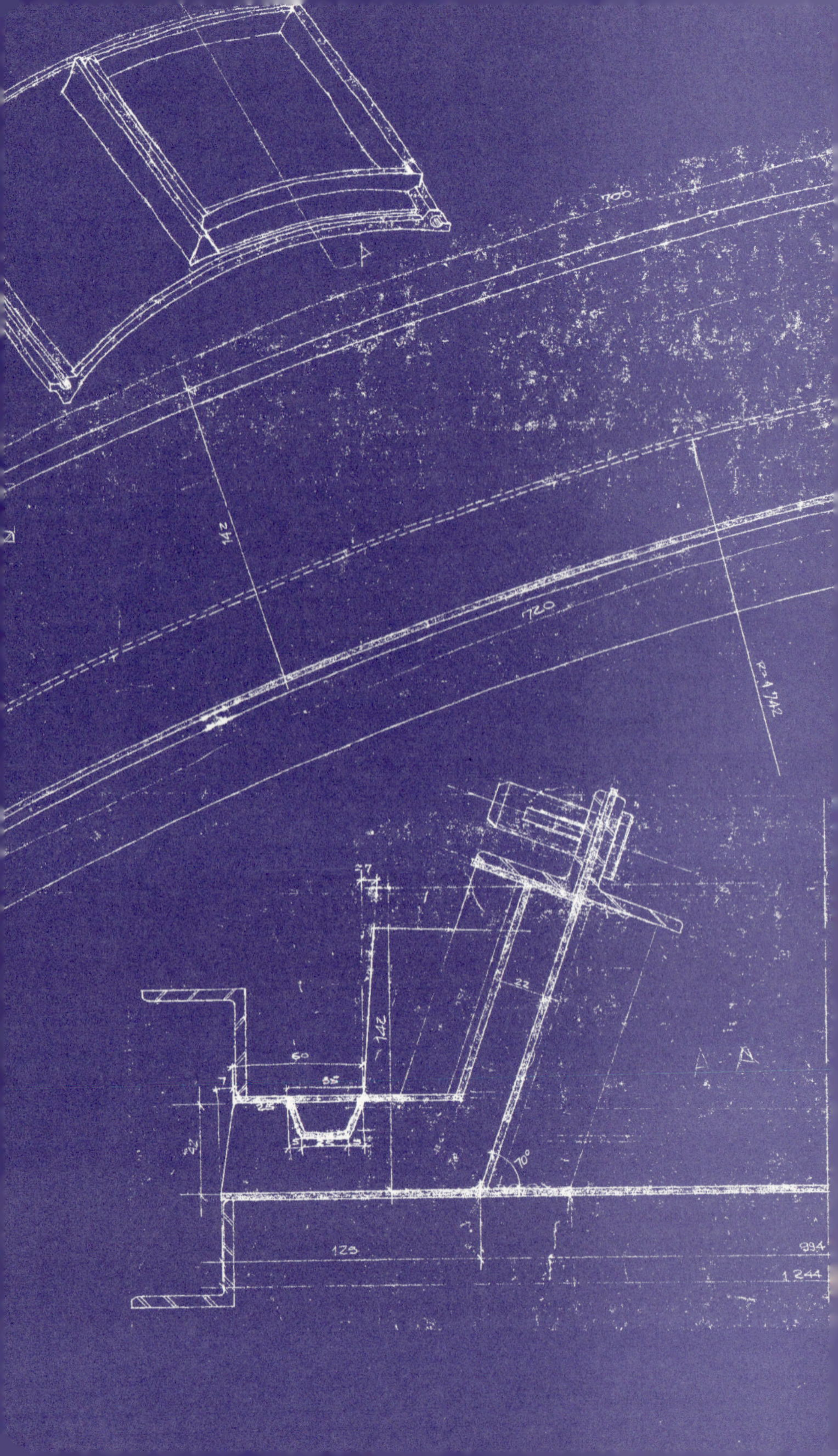
700
142
720
R=1.742
27
60
35
742
22
70°
125
894
1.244